続・自由を守る戦い

ウクライナは滅びず

ナザレンコ・アンドリー

2022年2月24日、ロシアによるウクライナ全土への軍事侵攻が始まり、戦争は長期戦の様相を呈している。世界が緊張に包まれる中、力による一方的な現状変更を企てるプーチン率いるロシアに抵抗し、祖国を守る戦いを続けるウクライナの人々を支援する声が高まっている。

ロシアによるウクライナ侵攻の可能性を早くから予見してきた著者は、この戦争を「国際法に基づく世界秩序を守る戦い」と捉え、世界の連携を訴える。ウクライナの教訓から学び、普遍的な価値である〈自由・平和・独立〉を守るために、今こそ日本人も目覚めるべき時だ！

contents

明成社

はじめに

『自由を守る戦い——日本よ、ウクライナの轍（てつ）を踏むな！』を出版してから3年。日本でデビュー作を出した当時も、ウクライナは決して平和ではなかった。クリミア半島は不法占拠されたままで、東部地域はロシアの司令官に操られ、ロシアから資金と武器を得ている親露派武装勢力による挑発が続き、戦没者は相次いでいた。

クリミア危機以降、ウクライナでは、政府のみならず多くの一般人が、様々な媒体を通じてロシアを始めとする独裁国家の危険性について訴えてきたが、世界は聞く耳を持たなかった。アメリカ、イギリスは重武装提供を躊躇（ためら）い、ドイツはノルドストリーム2（ロシアからドイツへ天然ガスを輸送するパイプライン）の建設を継続し、日本は民主主義陣営の分断を狙うプーチンに騙されて、北方領土におけるロシアへの経済協力を実施した（その金でロシアの実効支配が強化）。

結果、国際社会の甘すぎる対応を受けて、ロシアはどんどん調子に乗り、今回の全面侵攻に踏み切った。

ウクライナ人もかつて同じ過ちを犯したことがある。ロシアが、チェチェンやモルドバ、ジョージアに対して侵略戦争を仕掛けていた時、「明日は我が身」という認識を十分に持っていなかった。それらの戦争の原因は、独裁国家の領土拡大の野心以外の何物でもなかったにも関わらず、「他国の複雑な問題」だと勘違いし、思考停止していた。今はその失敗を後悔しないウクライナ人は一人もいないだろうが、もう遅い。数万人以上の死者を蘇らせることは不可能だ。

しかし、既に受けた被害を取り返すことはできないが、ウクライナを21世紀における侵略戦争の〝最後の〟被害者にすることはできるはずだ。そのためには、民主主義陣営の団結と防衛力強化を促し、国際問題に強い関心を持ち続けることが必要不可欠である。

今回のロシアの暴虐を目の当たりにし、多くの国々が目覚め始めた。日本と同じく第二次世界大戦の敗戦国であるドイツは、今までの外交方針が間違っていたことを認め、防衛費の大幅な増額を決めた。アメリカは、戦後初めてレンドリース法（武器貸与法）を採用した。日本でも、ロシアによるウクライナ侵略は大多数の国民の関心事となっており、この戦いをきっかけに、多くの方々が国防の重要性に気付いたのではないかと考えている。この世界的な流れをさらに推進できれば、最悪の事態を回避することも可能であろう。

思えばたった8年前、ウクライナでは、多数のボランティアが、崩壊寸前だった陸軍を救うために自費で食料や衣料という基本的なものまで寄付しなければならなかった。しかし、この8年で行われた根本的な改革のおかげで、ウクライナ軍は、「世界第2位の軍事大国」と言われていたロシア軍の攻撃を殆どの方面で食い止め、たった数か月で、10年続いたアフガン戦争以上の被害をロシア軍に与えることができた。

日本ほどの経済力と技術力があれば、防衛力を倍増するのに8年もかからないだろう。覚悟さえあれば。自らの身を護るためにも、他人を助けるためにも、まずは自分自身が強くなければならない。

ところで、最近は「ウクライナ疲れ」という言葉をマスコミから聞くようになった。しかし、報道が減ったからといって、戦没者が減っているわけではない。皆様がこの拙著を読んでくださっている間にも、毎時数十人が戦火で死んでいることを忘れないでいただきたい。今の国際秩序は、その犠牲の上に成り立っている。そして、ウクライナの防衛戦が失敗したら、台湾・沖縄の危機は時間の問題である。つまり、第三次世界大戦は既に始まっていると考えてもよいのではないか。〝今の〟前線がウクライナにあるというだけだ。

日本が次なる戦いの前線にならないよう、拙著を通じて当事者意識を強めていただければ幸いである。

第1章【インタビュー】

祖国のために
——プーチンと戦うウクライナ

都内某所にてインタビュー（令和４年３月31日）

絶望と希望と

――この40日間、どのようなお気持ちでおられたのか。まずは戦争が始まったときのことについてお聞かせください。

ナザレンコ　私は昨年（２０２1年）末の時点で、ロシア軍の侵攻があり得ると警告を発していたのですが、実際に全面侵攻が始まったというニュースを聞いたときは、さすがに信じられないという気持ちでした。ウクライナ東部の故郷ハルキウ（＊1）で爆発音がするというニュースを聞いて、すぐに両親に連絡すると、「ハルキウ市内ではどこにいても爆発音が聞こえた」ということだったのでショックを受けました。もし侵攻となったら、主要都市で最初に狙われるのはハルキウだと言われていました。キーウに次ぐ第二の都市で、軍事施設や工場もあり、ロシアとの国境から40キロしかなかったからです。両親はすぐに西部方面に避難しようとしたのですが、全土への攻撃となっていったので、田舎の祖母の家に避難しました。でも、ハルキウの防衛線が突破されたら、自分たちも武器を取って戦うという覚悟が伝わってきて、私も覚悟を決めました。

実は侵攻から30分ほどはウクライナ当局が対応できずに、ラジオでも通常の音楽番組が流されていたほどで、現地ではミサイル攻撃が起きているのに、全体の様子がほとんどわからなかったらしい。日本にいる私の方がネットで情報を集めて、どこが攻撃されているのか、

著者が通っていた小・中学校。ロシアの攻撃によって破壊された。

どの道が混んでいるのかなど両親に伝えたというくらい混乱していました。今では、例えばテレビは1チャンネルに統一されて、24時間情報を流していますが。

当初は悲観的なニュースしか入って来なかったので、最初の1週間頃までは絶望的な気持ちでいました。大使館を訪れる前日には、私が通っていた母校の小・中学校に爆弾が落とされ、校舎が破壊されました。自分が生まれ育った故郷が理不尽な暴力によって破壊されていく――こんなつらいことが人生で起きるのか、とやるせなさで一杯でした。

戦況については、ロシア軍とウクライナ軍の戦力差は圧倒的でしたので、自国軍には申し訳ないのですが、ウクライナ軍は1～2週間で崩壊して、後はゲリラ戦になるので

＊1　これまで日本では、ウクライナの都市について、ロシア語による読み方に基づく呼称が使われてきたが、令和4年3月31日、外務省はウクライナ語による読み方に基づく呼称に変更することを発表した。本書でもこの方針に則り、ウクライナの都市について、ロシア語由来の「キエフ」ではなく「キーウ」、「ハリコフ」ではなく「ハルキウ」などと表記することとする。

はと心配していました。でも嬉しいことに、1か月経ってもハルキウもキーウも陥落していません。

南部などウクライナ軍が反撃に転じているところもあるので、ようやく絶望感からは脱しました。もちろん、犠牲者は毎日増えているので安心などはしていませんが、少なくとも故郷が陥落していないという事実は心強く、希望を与えてくれます。

義勇兵に志願

――開戦から数日後、ウクライナに戻って戦うことを決意されました。そのときの心境は?

ナザレンコ　きっかけは、義勇兵の募集に日本人が70名も応募したということでした(うち50名は元自衛官)。ウクライナのために命を懸けて戦おうとする他国の人たちがいるのに、自分はこのまま日本にいていいのかと思ったのです。とはいえ、私は軍隊経験もありませんし、武器の扱い方も知りません。戦地に行っても、大した戦力にはならないかもしれません。でも、居ても立ってもいられなかったのです。日本人の方が戦地に行っても、言葉が通じなければ何かと不都合かもしれない。そこで、義勇兵の通訳となって貢献したいと思ったのです。

開戦から1週間が経過した3月3日に、履歴書を持って港区の駐日ウクライナ大使館に行きました。大使館の人と1時間にわたり話しましたが、結局、日本政府の意向もあり、日本からの義勇兵自体が取りやめとなりました。大使館の方に「情報戦も戦争のひとつで立派な戦いだ。発信力があるのであれば、日本をはじめ各国の世論形成を図ることでウクライナの勝利に貢献する道もある」と言われ、以後、大使館とも協力して正しい情報の拡散に努めています。

プーチンの誤算――ウクライナ国民の愛国心

――志願したことについて、ツイッターではフォロワーから多くの声が寄せられていました。結果的に日本に留まって、引き続き情報戦に臨まれることとなりましたが、その愛国心に感銘した日本人も多かったと思います。

また、本国で懸命に戦っているウクライナ国民の愛国心や士気の高さも素晴らしいです。

ナザレンコ　当初、数日で終わらせるというロシアの意図は、ウクライナ国民の抵抗によって潰えました。いくら親露的だっ

３月３日、駐日ウクライナ大使館にて義勇兵に志願

た人でも、さすがに自分の町がロシア軍に破壊されて行くのを見れば目覚めるわけですね。ロシアの侵攻前は、ゼレンスキー大統領の支持率は20％くらいでしたが、それがいまや91％です。ちなみに、８年前のウクライナ国民のＮＡＴＯ加盟支持率は30％でしたが、クリミアをロシアに強奪されてから64％に増加しました。この８年間で国民意識はかなり変わりましたが、今回の危機でさらに目覚めたと思います。また、この８年の間、東部ではずっと紛争が続いていましたが、そこでの実戦経験がある退役兵が40万人いて、彼らが即戦力として25万人の現役兵と共に戦っています。

一般市民のレジスタンスの士気も高い。ロシア軍に町を占領されても火炎瓶で抵抗したり、「ロシアからの物資は受け取らない」とトラックを追い返すなど、一般市民の抵抗の意思は強く、ロシア軍が占拠したといっても、実際には行政を支配できていない町がほとんどです。

――ビール工場で火炎瓶を作ったり、洋裁工場で防弾チョッキを作ったりする市民の姿が報道されました。

ナザレンコ　プーチンの誤算はいくつかありますが、最大の誤算はウクライナ国民の愛国心、士気の高さを見誤ったことではないでしょうか。ウクライナ軍だけを相手にするかと思ったら、実は全国民を敵に回してしまった。

戦争に勝つためには、軍事行動はもちろんですが、後方支援も経済を回していくことも大切です。私の友人には、医薬品をかき集めて送っている人もいます。国民総出で戦っている。

また、多くの国々から支援をいただいていることも大きい。武器の供与はもちろん、ロシアに対する経済制裁、そしてウクライナへの募金も世界各国から寄せられています。

世界各国からの支援――〈民主主義国〉対〈独裁国〉の構図

ナザレンコ　ウクライナのある大臣がこう言っていました。戦争開始直後に、ドイツのある大臣に協力を要請したら、「あなたたちはどうせすぐに負けるんだから協力しても意味がないだろう」と言われたが、１週間が経過すると、ウクライナはそう簡単には負けないんだということがわかって支援を始めてくれたと。ウクライナが抵抗しなければ、クリミアの時と同じように世界から見捨てられたかもしれない。橋下徹さんなどは、民間人の犠牲を止めるために譲歩し妥協すべきだと言っていましたが、抵抗したからこそ西側諸国の協力が得られたわけですし、簡単に降伏してしまったら、すぐに忘れ去られて誰も助けてくれないのです。

――８年前の教訓から学んでいたわけですね。

ナザレンコ　本当はすごく心配でした。ドイツはロシアの天然ガスに依存していて、当初は武器供与を拒否して、送ってくれたのはヘルメットだけでした。そんなドイツでさえ１８０度方針を変えて武器供与にも積極的になり、防衛費をＧＤＰ比２％まで引き上げる決断をしました。ドイツにできたのですから、同じ第二次世界大戦敗戦国の日本にできないはずはありません。この戦争によって日本が、防衛費の増額など防衛方針を見直すきっかけになればと願っています。

また、永世中立国のスイスがロシアへの経済制裁に踏み切り、非同盟の原則を維持してきたフィンランドとスウェーデンがウクライナへの武器供与を決めました。一方、ロシア支持を表明した国をみると、ベラルーシ、中国、ブラジル、シリア、ベネズエラなど独裁国ばかり。〈民主主義国〉対〈独裁国〉の構図になっているのは興味深いことだと思います。

――国民の士気を鼓舞するうえで、ゼレンスキー大統領の踏ん張りも大きかったのでは？

ナザレンコ　ゼレンスキー大統領は、キーウが陥落してしまうんじゃないかというときにも、国外避難の誘いを拒否して「国民と共にいる」と言いました。彼の英雄的言動に皆すごく勇気づけられたと思います。元コメディアンということもあって、戦争が始まる前までは、あまり評価していない人もいましたが、やはり人間の本性は危機のときにこそ表れるのだと思います。

――日本の国会でのリモート演説も好評でした。

ナザレンコ　ゼレンスキー大統領の議会演説に関して、ひとつ日本の皆さんにお詫びしておかなければなりません。それは、日本の国会での演説のことではなく、米連邦議会での演説で「パールハーバー（真珠湾）」を持ち出したことです。私はすぐにツイッターに「真珠湾攻撃は民間人を的にしなかったので、例えとして不適切だと思います」と投稿しました。真珠湾で日本軍は軍事施設のみを攻撃しました。ゼレンスキー大統領の認識不足で、日本人の皆さんに不快な思いをさせたことを、この場をお借りして改めてお詫びしたいと思います。

情報戦への反響

――話を情報戦のことに戻します。ナザレンコさんの発信で、事態の意味などを理解した日本人も多いのではないかと思います。

ナザレンコ　現地からの情報を収集、分析して発信していますが、状況は刻々と変わるので、間違いがあれば、その都度修正するようにしています。間違いと言えば、ロシア側のプロパガンダ、情報操作には呆れます。例えば、ロシア大使館は開戦前、「侵攻はありえない。侵攻するというのは偽キャンペーンだ」と言っていましたが、実際に開戦すると、それを訂正もせずに、「やむを得ない措置だった」と言い放ちます。嘘を平気で重ねる、それがロシアです。

――ナザレンコさんはロシアの侵攻を事前に予測し、警告されていた数少ない一人ですね。

ナザレンコ　昨年末に、侵攻は２月下旬と日付まで言い当てました。それは、ウクライナの気候の分析からです。ウクライナの冬は、川は分厚い氷に覆われ、その上を部隊が進むことができますが、2月下旬になると氷が溶け、その上を通ることはできなくなります。また雪が溶け、道路は泥沼と化し、戦車は進むことができなくなります。ですから、侵攻するとすれば北京オリンピックの終了時からパラリンピックの開始前までと予測したのです。

——さすが的確な分析ですね。侵攻後の情報発信への反響は？

ナザレンコ　ツイッターのフォロワーは8万から19万に増えましたし、閲覧数は月300万件から2億件に増えました。

——1日に換算すると閲覧数660万件以上！

ナザレンコ　国会議員の先生からも直接ご連絡下さり、激励いただきましたし、静岡県議会では、国会とは別にロシア非難決議を採択されていて、その議員さんたちともお会いしました。以前住んでいた群馬の前橋市は、市議会がロシア非難決議を上げていますが、市長さんから連絡があって、難民の受け入れを進めることや、市のホールをウクライナ国旗の色にライトアップしたことなどお話しいただきました。あるホテルの経営者の方から難民の受け入れについて連絡があって、コロナの影響で部屋が空いているからぜひ使ってほしいとか、私が勤務している会社の社長も会社の寮を難民に提供したいと言ってくれています。そういう申し出や報告などが毎日のように届いていて、大使館では協力してくださる方のリストを作成中で、大使館との橋渡しのようなことも今やっていることの一つです。

——日本人からの反響はいいのですね。

ナザレンコ　そう思います。行きつけの居酒屋の女将さんがウクライナ国旗を店の外に掲げてくださったり、「虎ノ門ニュース」を見た秋田県の視聴者の方が、「少し痩せたみたい。ちゃんと食べて」と食料を送ってきてくださったり、温かいご支援に感謝しています。

――確かに以前と比べて少し痩せられましたね。

ナザレンコ　開戦前と比べて6キロ痩せました。

――そうでしたか。「31時間寝ていない」というツイートもありました。

ナザレンコ　祖国の人たちの戦いに比べれば、どうということはありません。大勢の方からの声に励まされていますが、もちろん、なかにはロシアの代弁者のような主張をする人もいます。確信犯か、プロパガンダに無自覚に踊らされているだけなのか、わかりませんが。

――「戦争はどちらも悪い」と相対化するようなことを言う人もいます。また、主に左派の人たちですが、一緒くたにして「戦争反対」とか言っている。

ナザレンコ　以前5月3日の憲法集会（＊2）のときにも言いましたが、そういうことは戦争が起こっているウクライナの前線、あるいはロシアに行って主張してくださいと言いたい。侵略戦争を仕掛けてきたのはロシアで、ウクライナは自衛の戦いをしているのです。

＊2　第21回公開憲法フォーラムでの提言（「護憲派の人たちをウクライナの最前線に連れて行きたい」）。YouTubeの「KAIKEN channel」より視聴できる。

例えば、あなたの住んでいる町に突然他国の軍隊が侵攻してきて市街地を破壊し、人々を無差別に殺している。「そんな状況を目の前にして同じことを主張するのですか？　それで目の前の戦争や殺戮を止められますか？」と問いたい。

北海道が危ない！

――中国や北朝鮮は、この戦争の行方を注意深く見ているでしょうね。ところで、開戦初期の頃のツイッターに「北海道が危ない」と投稿されていましたね。

ナザレンコ　話が少しそれますが、3月下旬、北海道に向かう機内から窓外の雪景色の写真を投稿したら、橋下徹さんが、「戦地の仲間たちに、徹底抗戦だ！　一般市民の犠牲も已むなし！　と叫びながら、自分は北海道を楽しむ矛盾」などと批判してきました。私は北海道に観光に行ったのではなく、陸上自衛隊の留萌（るもい）駐屯地での講演に行ってきたのです。それは開戦前から決まっていました。

東京では、中国の脅威ばかりが論じられていて、それはもちろん大切ですが、北海道の人たちからすればロシアの脅威も身近な問題です。オホーツク海ではロシアの軍事演習もあり、最近では中国と共同して艦隊を繰り出して、日本列島の周りを一周したりしています。もちろん北方領土の問題もあります。留萌では、鋭い質問が飛び出すなど仮想敵国を共にする者同士、有意義な意見交換ができました。

――橋下さんとの論争については後で改めてお聞きしたいと思いますが、この時期に自衛隊の方々と意見交換ができたのは良いタイミングでしたね。

ナザレンコ　今回の侵略が日本にとって他人事ではないのは、中国の問題もありますが、ロシアのウクライナ侵攻が成功を収めれば、ロシアは今度は日本に狙いを定めるかもしれないということがあります。北方領土を返さないどころか、北海道侵略を狙う危険もある。理由は「アイヌ同胞を救うため」とか、「敵対国の米軍のミサイル配備を阻止するため」だとか何とでもつけられます。

――アイヌを持ち出す？

ナザレンコ　プーチン大統領は、かつて「アイヌ民族をロシアの先住民族に認定する」と述べたことがあります（２０１８年12月、モスクワでの人権評議会）。プーチンは、今回の侵攻の目的の一つに「ウクライナ東部のロシア系住民の保護」を掲げましたが、「人権侵害されているアイヌ人同胞を救うため侵攻する」と、今のプーチンなら言い出しかねない。いまや、日本をウクライナに加担する敵対国と見なしつつありますからね。

――南西方面だけでなく、北方にも警戒しなければならない。

ナザレンコ　その通りです。ウクライナが勝利するかどうかは、日本自身の安全保障にも直結すると私は考えています。

——話は飛びますが、マリウポリでの住民の強制連行（＊3）の報道に接したとき、思わずシベリア抑留のことが頭をよぎりました。

ナザレンコ　私を熱心に応援してくださる方がいて、どうしてなのかと思っていたら、その方のお父さんが終戦直後にウクライナに抑留されていたということでした。日本人は旧ソ連によってシベリアだけでなく、ウクライナやウズベキスタン、ジョージアなどにも強制連行されたのです。

橋下徹氏との論争

——ここで改めて橋下徹さんとの論争についてお聞きしたいと思います。

《元大阪府知事・元大阪市長で弁護士の橋下徹氏がネットやテレビなどで、「ウクライナ政府は市民の犠牲を止めるためにロシアに譲歩して早期に停戦を妥結すべきだ」という論を展開。ナザレンコさんが「国際法違反で一方的な侵略でも加害者に妥協すべきということ自体戦争を招きかねない」などと反論、論争となった。ちなみに橋下氏はグレンコ・アンドリー氏とも激しい応酬を展開している。》

ナザレンコ　さきほどの北海道の件については、ジョージアの駐日大使が私を擁護してくださいました（＊4）。

ナザレンコ・アンドリー
@nippon_ukuraina

敵に最大限の害を与えて初めて交渉に応じて貰えるのは戦争外交の常識。侵略被害国の政治家が死んで行くべきなんか論外。死ぬべきなのは戦争犯罪者のプーチン。
罪のない被害国の指導者の死を望むことで、橋下氏は侵略国家の味方であることがはっきりした。一生国政・戦争指導に関わらないことを願う
Translate Tweet

橋下徹 @hashimoto_lo · Apr 18
ゼレンスキー政権も最後まで戦うと言う前に自分たちと包囲されている市民との交換交渉を行うべきだ。戦争は結局戦争指導者の政治家・官僚たちが生き残り、一般市民と兵士が死んでいく。まずは政治家たちから死んでいくべきだ。
Show this thread

5:37 PM · Apr 19, 2022 · Twitter Web App

2,875 Retweets　131 Quote Tweets　11.9K Likes

橋下徹氏とTwitterで論争。橋下氏は加害国のロシアではなく、ウクライナ側の譲歩を主張するツイートを連投し、物議を醸した。

——橋下氏の発言は、まさに当事者意識に欠けるものですね。

ナザレンコ　そうですね。はっきりと降伏すべきだとは言っていませんが、橋下さんの考え方は敗北主義と言っていいと思います。それは、ウクライナ人に「奴隷の平和を選べ」と言っているに等しい。橋下さんは最初の頃、こんなことも言っていました。

「あと10年、20年（国外で）頑張りましょうよ。もう一回そこからウクライナを立て直してもいいじゃないですか」

つまり、プーチンはあと10年、20年以内に

＊3　ウクライナ政府は、ウクライナ南東部の都市マリウポリが激しい攻撃にさらされ、住民数千人がロシア側に連れ去られたとしている。（3月28日）

＊4　ティムラズ・レジャバ駐日ジョージア大使は、橋下氏のナザレンコさんを批判する言動に対して、「自国が戦争中である人間の気持ちに対して追い打ちをかける発言を批判します。日常の生活を脅かす脅迫罪にさえなりかねない」とツイッターに投稿した。（3月25日）

は死ぬ可能性が高いので、ウクライナ人は一回、国外へ脱出してプーチンの死後戻ってくればいいというわけです。

——そんなことまで言っていたのですか。

ナザレンコ　それこそロシア側の思う壺です。ロシアに明け渡した領土は二度と戻ってきません。スターリンが死んで70年近く経ちますが、北方領土はいまだに帰ってこないわけですから。いかにも無責任な提案だと思います。

——どうしてそんな考え方になるのでしょうか。

ナザレンコ　何よりも人命が大事で、国の主権や国土なんか後で取り返せばいい、などと平然と言えるのは、国があることが当たり前で、国が亡ぶことなどあり得ないと高を括っているのでしょう。橋下さんも享受している自由や権利は、日本という独立主権国家があってこそ守られているのです。ウクライナは過去３００年にわたって他国の支配を受けてきました。その間、例えばスターリンによる意図的な飢饉によって、何百万人もの人々が餓死した（ホロドモール）という悲惨なことも経験してきています。日本の皆さんには、他国に支配されて国を失うことの悲惨さを知ってほしいと思います。

ロシア側の主張に対する反論

――ここであえてロシア側に立った質問を試みますので、反論して頂ければと思います。

①戦争の目的は、ウクライナ東部で虐げられてきた人々を救済するためだ。ウクライナは東部のロシア人を虐殺したではないか。

ナザレンコ　東部地域は300年にわたりロシア人が入植してきた土地で、ロシア人の割合は1割ほどでした。2010年、親露派のヤヌコヴィッチ大統領が誕生したとき、東部地域の混乱に乗じてロシアから工作員が入ってきて、親露派の人たちを武装させて暴動を起こし、ドネツク、ルハンスクの両人民共和国の独立宣言をしました。親露派と言ってもロシア兵も交じっていたし、ロシアから武器や食料、物資などの提供を受けていました。ウクライナの立場からすれば、この人民共和国こそテロ組織そのものでした。

8年間にわたる紛争でウクライナ側、親露派側の双方に1万4千人の犠牲者が出たことは事実ですが、国際司法裁判所はロシア側が主張するジェノサイドについて、「それを否定するウクライナ側の主張」を認めていますし、8年間現地で監視活動をしていた欧州安全保障協力機構（OSCE）も虐殺を確認していないと言っています。

②プーチン大統領は、侵攻目的のひとつを「非ナチ化」と言っている。過激派がいるのではないか。

ナザレンコ　2014年にクリミアを強奪された頃のウクライナ軍は情けない状態にありました。というのは、冷戦が終結してソ連から独立したウクライナは、これからは戦争は起きないと考え、核兵器をロシアに渡し、100万人の軍隊を20万人に縮小しました。ロシアのクリミア侵攻の時は、ウクライナ軍は準備不足で、一般市民が自衛するというような状況だったのです。

どんな国でも外国の侵略に敏感に準備しているのは、言葉は悪いですが、右翼団体なんです。ウクライナにも平時からいつかは戦争が起きるぞ、国防を大切にして備えないとやられるぞ、と考えていた人たちがいました。彼らの愛国心は強く、資本家が私費で武装させて民兵組織に仕立てました。いくつもの私兵集団ができましたが、有名なのはアゾフ連隊（＊5）です。彼らの行動が成功し、当時マリウポリを解放できたのです。ただ、私兵のまま置いておくのはよくないということで、2016年頃から政府機関（ウクライナ国家親衛隊）に編入していきました。政府機関に入った以上は、過激な政治活動はできなくなります。

ロシアは、アゾフ連隊などに「ネオナチ」とレッテルを貼りますが、現地の人々のインタビューなどを見ると、むしろ英雄視する人も多い。いま彼らはマリウポリにいます。電気や

激戦地マリウポリのアゾフスターリ製鉄所。約1000名の兵士が残り徹底抗戦。5月17日、ウクライナ軍は製鉄所の防衛作戦終了を発表し、マリウポリ守備部隊に撤退を命令した。［写真提供：ロイター＝共同］

水道が止まり、暖房が機能しない中、降伏を拒否して最後の一人まで戦うと言っています。テレビ朝日でアゾフ連隊へのインタビューがされていますので、一部紹介します（3月27日放送「サンデーステーション」）。

（ウクライナ国家親衛隊「アゾフ連隊」マクシム・ゾリン司令官）

「もう街には（守るほどの）価値がないでしょう。なぜなら、完全に破壊されていますから。しかし、きっと日本人はよくわかるはずです。私たちにとって、この街は建物だけではない、インフ

＊5　日本の公安調査庁は4月8日、「国際テロリズム要覧2021」から、ウクライナのアゾフ連隊の記載を削除した。理由は、同庁がアゾフ連隊をネオナチ組織と認めている旨の事実と異なる情報が拡散されているためだという。たしかに「要覧」には「ネオナチ組織がアゾフ連隊を結成した」等の記述があったが、これは内外の公開情報を取りまとめたまでで、公安調査庁の独自の評価を加えたものではなく、同庁がアゾフ連隊をネオナチ組織と認めたものではない、として、誤解が拡散されることを防ぐため、削除したという。

ラだけでもない、私たちの祖国なのです。最期まで戦います」

彼はナチズムについても、やはりこう言っていました。

「ナショナリストといえば、国によっては過激な印象を持たれています。他の国でいうような〝極右〟や人種差別などはここにはありません。そんなものに誰も関心がないのです。アゾフのナショナリズムは唯一、国を守るということだけです」

ロシアは、ナショナリストにすべて「ネオナチ」とのレッテルを貼っています。日本でも左派系メディアに、ファシスト、軍国主義者よばわりされている人たちのなかには、健全なナショナリスト、保守の人たちがいると思います。ウクライナ・ナショナリストも同じなのです。

③そもそもウクライナは主権国家ではなく、ロシアの一部だったのではないか。

ナザレンコ　歴史を遡ると本来のロシア固有の領土というのは、モスクワ周辺だけなんです。それ以外は侵略戦争で奪った土地で、今や北方領土も永遠のロシアの領土というわけです。ウクライナはロシアの一部というのも、ロシアの帝国主義を正当化するためのロシア人の勝手な妄想（大ロシア主義）に過ぎません。

④ウクライナ語はロシア語の方言でしょう。

ナザレンコ　ウクライナ東部に住むロシア語を母国語とするウクライナ人、それが私です。私は東部のハルキウ出身です。ウクライナの東部はロシア語話者が多い。自分の意思でそうなったわけではなく、３００年にわたるロシア化政策の結果です。いえ、ロシア語話者というよりはバイリンガルと言った方がいい。ロシア語もウクライナ語もいずれも母国語なんです。場面によって使い分けているだけ。私は家族とはロシア語で話していますが、学校教育はウクライナ語で、試験もすべてウクライナ語で受けていました。市役所やラジオ、テレビなど公的な機関はすべてウクライナ語で、誰も意識せずとも自由に両方の言語を操れるから、問題になったことがないんです。なのに、ロシアは人為的に対立を煽って、問題をつくろうとしているんですね。

ウクライナ語とロシア語が違う言語だという一例を挙げましょう。ロシアのスパイを特定するための方法がありまして、検問所でウクライナ人だと主張する人に対して、では、「Паляниця」と言ってみてと。ロシア人は「Паляниця」――カタカナでこれに近い表記をすればパリャニツャ（パンに似た食べ物）――という言葉を言えないんですね。ロシア語には同様の発音が存在せず、ウクライナ生まれウクライナ育ちでなければ発音できない。言えなければロシア人だというわけです。

⑤ウクライナはロシアの兄弟国ではないか。

ナザレンコ　はっきり言って迷惑な話です。ウクライナ人は誰一人そんなことは思っていない。兄弟国ならば侵略するはずがないし、無差別攻撃も行うはずがない。プーチンはＮＡＴＯの東方拡大を批判しています。しかし、ＮＡＴＯは一国たりとも強制して加盟させたことはありません。冷戦後加盟した国々は、ロシアの影響力から離れたいと自発的に加盟している。それをロシアは無理やり兄弟国家だと言って武力で止めようとしている。なぜ、「友達」ではなくて「兄弟」というのか。その答えは、友達は選ぶことができるけれども、兄弟は選ぶことができない、そういう考え方なんですね。

⑥ウクライナは卑怯にも民間人を盾にしたじゃないか。

ナザレンコ　人道回廊（＊６）がありますが、例えば、マリウポリからの人道回廊は、ロシア方面は機能していますが、その他の方面に向かう道には地雷が埋められたりして、実質ロシア方面に逃げるしかないようにされている。ウクライナ人を人質にしようとしているわけです。ロシア以外に逃げようとした人々が道をふさがれて、攻撃されて犠牲者が出ているというのが現状です。

ロシアが中国の植民地になる日

――今後の戦況予想について。

ナザレンコ　ロシア軍の作戦が失敗し、南部のヘルソンのほかは大きな都市は一つも占領できていません。キーウから撤退するなど戦線を縮小し、北部は諦めて、東部のドネツィク、ルハーンシクを完全掌握しようとしています。ただ、国際的な経済制裁が効いていて、あと一か月くらいで経済力が持たなくなるのではないか、との見方もあります。仮にウクライナ全土を制圧したとしても、経済制裁は解除されないでしょうし、撤退した西側の企業も戻らないでしょうから、いずれ、ロシアは崩壊するか、中国の植民地になるかの二択しかないのではないか。

――中国の植民地ですか？

ナザレンコ　ロシアのＧＤＰは韓国以下で、その４割は資源の輸出が占めている。ＥＵはロシアからの天然ガスの輸入を大幅に減らし、数年後には原油、石炭も含めて輸入を停止す

＊6　紛争の現場で包囲された地域に対し、人道支援物資の搬入や取り残された市民の脱出を支えるために設けられる。特定の道路や地区を「安全地帯」として、そこでは双方が攻撃を控えるというやり方が多い。文民に対する攻撃を禁じたジュネーブ条約が根拠法の一つ。

る方針です。さらに、ロシアにはハイテク技術がない。ロシア製のスマホやパソコンはこの世に存在しない。これまではアメリカや台湾などから輸入できましたが、制裁で今後はそれが見込めなくなる。では、どこから輸入するかと言えば中国しかない。天然ガスも誰も買ってくれなくなるから、中国に買ってもらうしかない。こうして、ロシアは中国の属国に成り下がるしかなくなる。これを避けるにはプーチンが失脚して、ロシアが民主化するしかない。そうなれば経済制裁は解除される。

――ロシアは5月9日の戦勝記念日までには戦果を挙げて矛を収めたいはずという論評もありますが。

ナザレンコ　ロシアは日付を重視します。侵攻を開始した2月24日の前日は、ロシアにおける「祖国防衛の日」でした。北京パラリンピックまでには終わらせたかったのでしょうが、それも失敗に帰し、次の象徴的な記念日は5月9日の対独戦勝記念日ということになる。しかし、開戦から1か月時点での統計によると、投入した19万人のロシア兵のうち1万7千人が戦死し、負傷者、捕虜、行方不明者を合わせると4万人くらいの人的損失が出ています（3月23日、NATOによる推計）。わずか1か月でこの数字ですから、これからどれほどの損害が出るか。ちなみにアフガン紛争での旧ソ連兵の戦死者は10年で1万4千人でした。今回は1か月足らずでそれを超えたことになります。

守り抜いた民族のアイデンティティ

――トルコでの停戦交渉でゼレンスキー大統領は「中立化」を受け入れる可能性に言及し、その代わり、「新たな安全保障」が必要と言っています。

ナザレンコ　ウクライナが妥協できるとすれば、それしかないでしょう。今回の戦争でウクライナ国民の多くがＮＡＴＯに失望しました。ＮＡＴＯは強くて頼りになる組織だと思っていたのに、飛行禁止区域の設定も、戦闘機の供与も、ロシアとの全面戦争を恐れて実施されなかった。こうして、あれほど高まっていたＮＡＴＯ加盟への期待は萎(しぼ)み、ＮＡＴＯには加盟しない、外国の軍隊の基地を置かないという中立化に応じる代わりに、新しい安全保障の仕組みを求めているのです。

――ブダペスト覚書（＊7）の二の舞になりませんか?

ナザレンコ　ブダペスト覚書は、アメリカ、イギリス、ロシアがウクライナの安全を保障すると言いながら、ウクライナを守るための直接的行動については曖昧なままでした。その轍(てつ)を踏まないよう、今度は曖昧な書き方ではなく、どうやって保障するのか、具体的な方法

＊7　ウクライナと共にベラルーシ、カザフスタンも核不拡散条約に加盟し、この3か国の安全をアメリカ、イギリス、ロシアが保障するとした。のちに中国、フランスも署名した。

まで明確に記す必要があります。

ロシア側にも譲歩の動きが見られます。ウクライナのＥＵ加盟は認める。それから「非ナチ化」や「ロシア語を第二の国語に」という要求も話題に上らなくなりました。さらにクリミア半島とドンバス地方（ドネツィク、ルハーンシク）の独立を認めろという要求も、15年間は武力で取り返すことはしないと約束せよ、というところまで後退しました。

これらはやはりウクライナ国民の激しい抵抗の賜物で、「内政」を守り切ったという意味があると思います。日本には「国体」という言葉がありますが、ウクライナ人のためのウクライナ国家の仕組みは揺るがなかったことが、ここまでの最大の成果だと思います。なぜなら、ＮＡＴＯに加盟するかどうかは、時代が変わればいつかやり直すことができますが、ロシア語を第二の国語にしてしまえば、民族的アイデンティティは破壊されてしまうからです。これを排除できたのは、ウクライナをウクライナ人の国家として保つことができたということを意味します。

――国家主権を守ったということですね。自分の国のことは自分で決めるという……。

ナザレンコ　外交では妥協しなければならないこともありますが、内政や国語、歴史認識は決して譲ってはいけない。民族的アイデンティティは守り抜かなければならない。

さて、親露派問題の今後について見通しを述べます。親露派政党の支持率は、２０１４年でも８％程度に過ぎなかった。今はなおさら低くなった。そして、親露派のほとんどは、ソ

首都キーウで、第 30 回独立記念日の一環として開催された「ウクライナの防衛者たちの行進」(2021 年 8 月 14 日)。ウクライナでは近年、ソ連時代の歴史観からの転換が進んでいる。［写真提供：©Volodymyr Tarasov ／ Ukrinform via ZUMA Press］

連時代生まれの年配の方々です。当然のことながら、独立した後に生まれた私たちの世代には、旧ソ連やロシアに対する愛着などありません。さらに、今のウクライナは愛国教育を行っているし、反共産主義を正式に掲げている国なので、一世代でも変わってしまったら、もう二度とロシアにシンパシーを抱く人は現れなくなると思います。民族の文化とアイデンティティを守り抜くことができて、その上で世代が代わったら、親露派の問題は解決に向かうだろうと思います。

——プーチンの焦りもそこにあるんですね。

ナザレンコ　プーチンも「あと10年待てば、二度とウクライナを取り返せなくなるから、今しかない」と言っています。

――「非武装化」は絶対に受け入れられないですか。

ナザレンコ　もちろんです。停戦交渉でも非武装化は話題に上がらなくなりました。スイスのような「武装中立」しかないという方向に行くのではないか。

ロシアや中国に騙されてはいけない

――最後に日本への期待について。

ナザレンコ　日本は中立を保つべきだとか、どちらにも寄り添うべきだと言う人がいますが、今起きていることはとても異常な事態なのだということを認識しなければいけないと思います。対応を誤ると世界が大混乱に陥ってしまう、そういう世界的問題がいま突き付けられているのです。

異常な事態だということは先程も触れましたが、スイスの対応一つ見てもわかります。スイスは国連の演説で、「中立だからといって明らかな国際法違反を擁護するわけにはいかない。中立と犯罪を見過ごすこととは別だ」と言いました。200年もの間、中立を保ってきたスイスでさえ経済制裁に加わった。それだけ異常なことを今回ロシアはしたということです。中国もしっかりとウクライナ情勢を見ています。万が一、ロシアの暴挙が通ってしまったら、中国はロシアを真似て台湾と沖縄を狙うことは間違いありません。だから、この戦争は単にウクライナとロシアの戦争ではなくて、〈自由民主主義〉対〈独裁主義〉の戦争でもあるし、国際法に基づく世界秩序を守る戦争でもある。そういう認識を全世界が持つべきであるし、とくに日本は自国にも同様の危機が迫っているという認識を欠いてはいけないと思います。

そういう認識のもと、日本にはぜひウクライナへの経済支援と、ロシアへの経済制裁を引き続きお願いしたい。注意してほしいのは、欧米が一貫した姿勢でロシアを経済的に追い込もうとすると、ロシアは日本からお金をもらおうと画策してくるかもしれないということです。２０１４年のときがまさにそうでした。クリミア強奪で欧米からの経済制裁を受けたロシアのプーチンは、日本に来て北方領土返還交渉をしようと言って、日本から３千億円の投資を引き出しました（＊８）。

ロシア外務省は３月21日、日本との北方領土問題を含む平和条約交渉について、「継続する意思はない」とする声明を発表しましたが、前言を簡単に翻すのがロシアです。ロシアの

＊８　２０１６年12月、日本とロシアは、エネルギーや医療・保健、極東開発など８項目の経済・民生協力プランに基づき、官民で80件の合意文書を交わした。日本側の投融資は３千億円規模に上り、過去最大規模の対ロシア経済協力となった。

大統領と首相を務めたメドベージェフは最近、次のように発言しています。「北方領土の交渉は単なる儀式的なものに過ぎなかった」と。つまり北方領土を返す気などさらさらなく、あくまで外交カードに過ぎないというわけです。もうだまされないでください。

ロシアに渡るお金は弾丸に変わって、ウクライナ人を殺すことに使われるわけですから、政府としてロシアに経済協力をしないことはもちろんのこと、民間企業もすべてロシアから撤退してほしいと思います。

それから、いまの日本は他国への武器供与に強い制限があることは理解しています。しかし近い将来、台湾危機がやってきます。その時に備えて、同盟国、友好国に武器供与するための法整備を用意しておかなければならないと思います。

また今回、国連が全く機能しないことが明らかとなりました。国連改革も必要ですが、時間がかかるでしょう。アジアには民主的なリーダー国は日本しかありません。国際社会の一員である認識を強く持って、より積極的に世界の安全を保障するために国際政治にかかわってほしいと思います。

第2章【講演録】

ウクライナは滅びず
——100日間の激闘と、今後の展望

都内にて講演（令和4年6月5日）

日本への感謝

本日は、お越しくださいまして誠にありがとうございます。正直なところ、これだけ多くの方が集まってくださるとは思いませんでした。

まずはじめに、在日ウクライナ人として、日本国に対する感謝を述べたいと思います。私が来日したのは8年前でしたが、当時は私がウクライナ人だと言っても、「南米ですか?」などと言われる程度の認知度でした。しかし今や、日本でウクライナの位置や国旗を知らない人はほとんどいないはずです。戦争開始後の世論調査を見ても、「ロシアのウクライナ侵攻により日本の安全保障環境が脅かされる不安を感じる」と答える人が87%にも上っています（3月19日社会調査研究センター）。さらに、対ロシア経済制裁に関しては、73%の人が、「日本経済や暮らしに影響が広がったとしても続けるべきだ」と答えています（4月17日共同通信社）。これは、非常に大きなことです。

また、日本はウクライナに対して、人道支援、経済支援、避難民受け入れなどさまざまな支援を行ってくださっています。これまでの日本は、積極的には難民を受け入れない国でしたが、この戦争が起きてからは、約千人のウクライナ避難民を受け入れてくださっています（＊1）。実は私も本業（会社、政治評論家）とは別に、政府からの依頼で避難民の通訳・翻訳などの支援活動に関わっています。そこで知り合った方々も、日本に対する感謝の気持ちにあふれていて、受け入れてくださった日本に対して、役に立ちたい気持ちで一杯のようです。

民間施設を破壊し、子供たちを拉致するロシア軍

さて、本題に入りたいと思います。

今年（２０２２年）の2月14日のことです。駐日ロシア大使のミハイル・ガルージン氏は、ＮＨＫのインタビューに応じ、「ロシアには戦争をする意図も計画もない」と述べました。

しかし、その発言のわずか10日後（2月24日）に、ロシアによるウクライナへの全面侵攻が始まりました。それはウクライナ全土に対するミサイル攻撃から始まりました。

私の故郷は、ウクライナ東部のハルキウです。ロシアとの国境からわずか40キロしか離れていない、最も東に位置する町です。ですから、最も早くから攻撃を受けた町でもありました。

＊１　令和4年3月2日、岸田文雄首相は、ウクライナ避難民を受け入れる方針を表明した。ウクライナから日本に避難する人たちについて、政府は人道上の配慮から「避難民」として日本在留を認めた。「避難民」は、国際条約に基づく「難民」とは異なり、法律上の規定はないが、政府は避難してきた人たちに90日間の短期滞在を認める在留資格を付与し、本人が希望すれば就労が可能で1年間滞在できる「特定活動」の在留資格に変更することも認めている。令和４年6月14日時点でのウクライナ避難民入国者数は１３００人となっている（出入国管理庁発表）。

ロシアの攻撃は、朝5時に始まりました。日本時間では昼でしたが、現地ニュースで「ハルキウで爆発音がする」という報道が流れました。私は、すぐに親に連絡しました。「戦争が始まったというニュースがあるが、爆発の音が聞こえるのか」と聞くと、「そうだ。いま荷物をまとめて急いで避難しようとしているところだ」と返信が来ました。戦争は突然始まったので、当初ラジオでもあまり情報が流れませんでした。どこに避難すればいいのか、どこが攻撃されているのか、最初の30分ほどは誰もわかりませんでした。ミサイルが飛んで爆発の音がして、パニックが起きているという状況でした。むしろ日本にいる私の方が様々な情報ソースを持っていたので、ネットで調べたことを親に伝えたりしていました。

ロシアは当初2日間でこの戦争を終わらせるつもりでいました。しかし、電撃戦が失敗すると、今度は戦略を変えて、ウクライナのインフラストラクチャーの徹底的な破壊を始めました。

たとえば、民間の車が通っている中で、ハルキウ州役所に対して直接的なミサイル攻撃が行われ、多くの人が亡くなりました。役所の建物は１００年以上の歴史がありましたが、もはや修理は不可能と言われるほど破壊されてしまいました。ちなみに、この建物から私がかつて通っていた専門学校までは、１００メートルほどしかありません。ロシア軍が、このように州役所や市役所、国会を狙うことからわかるのは、最初から交渉する意思などなく、現地政府を徹底破壊して占領政府をつくるつもりだったということです。しかし、問題はそれだけにとどまりません。

私の両親は、１か月間ほどはハルキウ市からハルキウ州の方に避難して、自宅から30キロほど離れた地方都市で過ごしていました。しかし、ウクライナ軍によってロシア軍が押し返されたことを受けて、再び自宅に戻りました。つい１週間ほど前に、父がある動画を送ってくれました。小学校、中学校まで通っていた私の母校（７頁参照）が被害を受けていると言って、破れたフェンスや小さな傷を撮影したものでしたが、その動画が撮影された２日後には完全に破壊されてしまいました。

私の学校がミサイル攻撃を受けたのは、これで３回目です。最初の攻撃は、戦争が始まってから２日後くらいに砲弾かミサイルが落ちて、その１か月後にまた攻撃を受けました。そして、つい最近、集中的な攻撃を受けて完全に破壊されたのです。

私はこの地域に、生まれてから19歳までずっと住んでいました。引っ越したこともありません。学校から私の実家までは１００メートルか１５０メートルくらいしか離れていません。だからこの地域をよく知っていますが、近所にあるのは３つの学校と、１つの病院と民間住宅、そしてコンビニやスーパーくらいで、軍事施設は一つも存在しません。それなのにロシア軍は、この地域を意図的に攻撃し破壊しています。

私は、２か月ほど前に駐日ウクライナ大使とお話しました。インタビューを通訳させて頂いたのですが、ウクライナがいま一番必要としている支援は、消防車と救急車だと大使は言っていました。なぜなら、ロシア軍はあえてそういった施設を狙っており、どこかで火災が起きても、ウクライナがそれに対応できないようにしているからだ、と。

また、ウクライナの子供たちが20万人もロシアに強制連行されているというニュースが流れています。プーチンは、ウクライナから来た孤児の帰化を簡単にする法律まで通そうとしています。

ロシア兵は現時点で3万人ほど死んでいます。多くの人はロシアの経済に大きな影響があるのではないか、ロシアの人口構成が狂ってしまうのではないかと言っています。しかし、彼らは自国の兵士を死なせて、代わりにウクライナの子供たちを奪ってロシア人として育てようとしているのです。子供のみならず、大人たちも拉致されて人質にされており、まさに21世紀にあるまじき蛮行です。チンギス・ハンの時代のようなことを彼らはしているのです。

防弾チョッキを着て種を植える農民たち

ウクライナの小麦の生産量は、世界の11%を占めています。パンが10枚あれば1枚はウクライナの小麦でつくられているという計算になります。しかし現在、ロシアがウクライナの港を海上封鎖しているため、ウクライナに小麦はいくらでもあるのに、輸出できなくなっています。このことによって、アフリカや東南アジア、南米などで、食糧難による飢餓の危機が高まっています。

　ウクライナの農地には、多くの畑に埋められた地雷が未だに処理されていません。砲撃が続いている中でも、農民たちは防弾チョッキをつけてトラクターに乗り、種を植えようとしています。彼らは、「我々の戦場はここなんだ。私たちが仕事を続けなければ、戦死者以上の餓死者がウクライナのみならず全世界で出てしまう。だから私たちは危険だからと言って、仕事をサボるわけにはいかない」と言って、作業を続けています。地雷は危険極まりないもので、実際、多くのウクライナ人がロシア軍の地雷によって命を落としています。

　この戦争で多くの人が命を落としていますが、それは戦闘によるものだけではありません。例えば、ガン治療中だったのに、戦争によって手術を受けることができなくなって、亡くなった事例もあります。

　私もこの戦争で一人の友人を亡くしました。２０１９年に私はウクライナで、ある本を出版しました。『旭日の光を浴びて』というウクライナ語の本です。日本の歴史観や、北方領土問題、慰安婦問題、南京大虐殺の問題など、話題になっている歴史問題を日本の立場からウクライナ人に紹介しようと出版した本です。その時、私に協力して下さったのが、ミコラ・クラフチェンコという方でした。

　彼は２０１４年に軍隊に入り、２０１７年に退役しました。退役後は社会活動に力を入れるようになって、出版社をつくりました。彼は日本と東アジアに強い関心を持っていたこと

2019 年 2 月 11 日、日本とウクライナをリモートで繋いで講演

もあり、共通の知り合いの紹介で日本についての本を出版しようと提案されました。

上の写真は、２０１９年2月11日、日本の建国記念の日のものです。新しい施設をオープンした彼は、日本に関するイベントをやろうと企画して、彼からの依頼で私はリモート講演をしました。彼は長年、日本に関心を持って、日本の立場がより多くの人に伝わるように、色々協力してくれていました。彼は今回の戦争が始まると、軍隊経験があるのですぐに志願入隊し、新しくできる地方防衛隊の部隊の教官をするようになりました。そして、３月初めのキーウ防衛戦で残念ながら戦死してしまいました。

この戦争で何も失っていないウクライナ人は一人もいないと、私は考えています。

専守防衛の犠牲者

ロシアの攻撃は、北、南、東の三方から始まりました。そして、一時はウクライナ領土の25％が不法占拠されてしまい、ロシア軍は首都キーウの郊外まで迫りました。

ウクライナはこれを押し返してキーウ防衛戦に成功しました。ハルキウにも、ロシア軍は私の実家の隣の道路まで迫ったときもありましたが、今は国境まで押し返しました。

後退したロシア軍ですが、砲撃はできなくなっても、ミサイル攻撃はまだできています。なぜなら、私の出身地から国境までは40キロしかありません。ロシアで一番射程の長いミサイルは70キロ飛ばすことができます。ロシアは、ウクライナがロシア本土を攻撃できないことをいいことに、ロシア領土のベルゴロド州から、一方的にハルキウに向けてミサイルを撃ち込んでいるのです。

毎日多くの人が亡くなっていますが、これはまさに専守防衛の犠牲者であると私は考えています。

日本には、専守防衛しか許さないとか、敵基地攻撃能力を持つのはけしからん、などと主張する政党や人々がいます。しかし、これはつまり本土決戦しか許さない、ということです。いまハルキウで起きているのはまさに専守防衛の結果なのです。アメリカはじめ多くの国々が軍事支援をしてくれていますが、支援する条件として「ロシア本土を攻撃しない」ということになっています。もし、アメリカから提供された武器でロシア本土を攻撃してしまえば、アメリカも戦争に巻き込まれてしまうので、自国領土内でのみ戦ってくださいと言われているのです。

もしこうした制約がなければ、より多くの命が救えたかもしれません。しかし、ウクライナは専守防衛しかできないために、毎日犠牲者が出ています。

マリウポリの戦い

いまの戦況ですが、ロシア軍は、北の方では作戦が失敗しました。ハルキウも一番東の町なので、本来真っ先に陥落させるはずだったのですが、ロシア軍はハルキウを取ることもできず、むしろ国境まで押し返されました。南の方でも川を渡ることができず、南部のヘルソン州のみの占拠にとどまっています。さらに1週間ほど前からウクライナ軍の反撃が始まっていて、少しずつ領土を奪還しています。ロシアは多くの兵力を東部のドンバス地方に集め、激しい戦いが起きていて、セヴェロドネツィクというルハーンシク州の町が激戦地になっています。ロシア軍は毎日1~2キロという遅いペースですが、前に進んでいます。ウクライナ軍の一番の課題は、ロシア軍のルハーンシク州への攻撃を止めることです。

ウクライナ南部に、メリトポリ州というところがあります。ここがロシア軍に包囲された

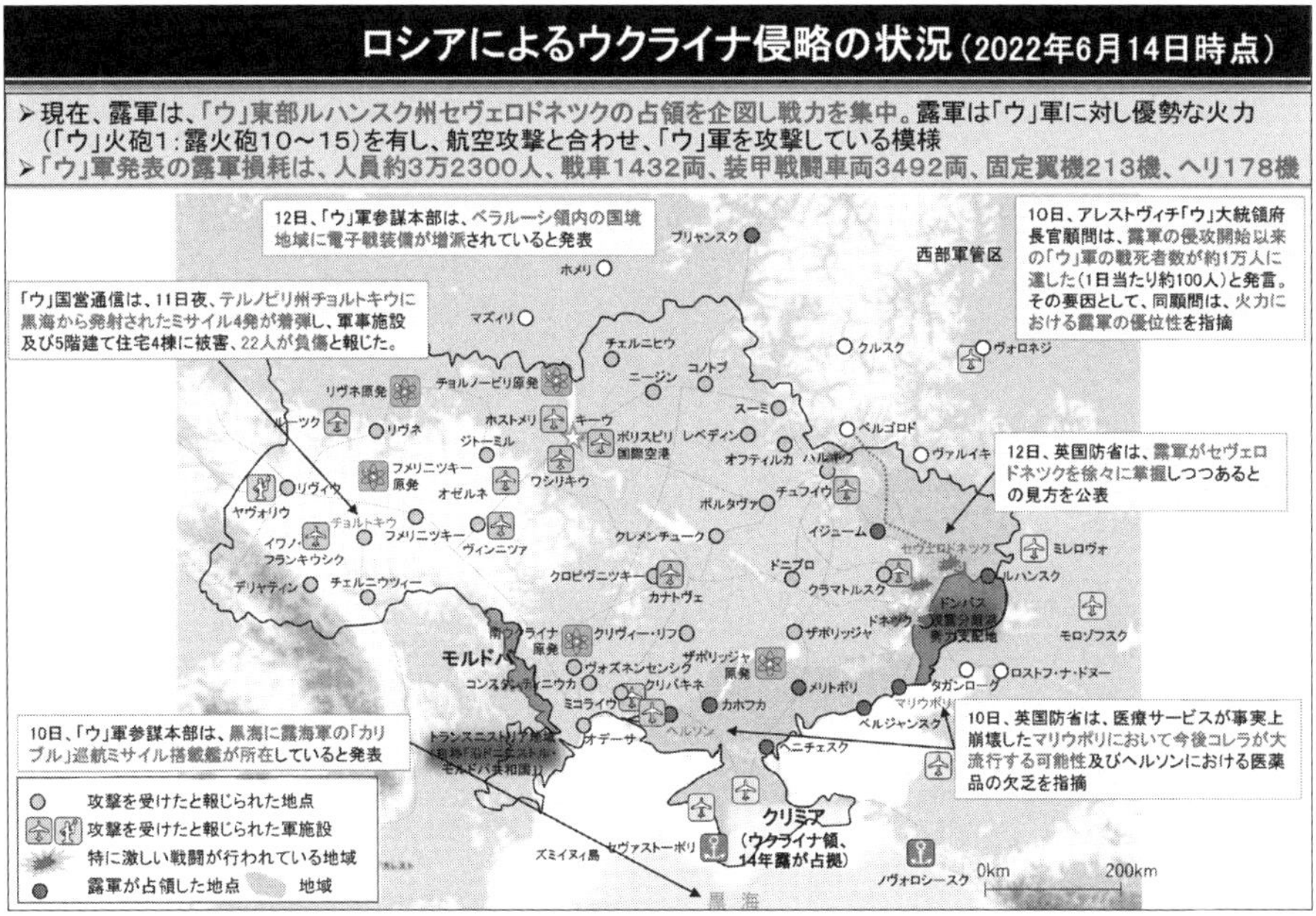
ロシアによるウクライナ侵略の状況（2022年6月14日時点）
➤現在、露軍は、「ウ」東部ルハンスク州セヴェロドネツクの占領を企図し戦力を集中。露軍は「ウ」軍に対し優勢な火力（「ウ」火砲1：露火砲10～15）を有し、航空攻撃と合わせ、「ウ」軍を攻撃している模様
➤「ウ」軍発表の露軍損耗は、人員約3万2300人、戦車1432両、装甲戦闘車両3492両、固定翼機213機、ヘリ178機
12日、「ウ」軍参謀本部は、ベラルーシ領内の国境地域に電子戦装備が増派されていると発表
10日、アレストヴィチ「ウ」大統領府長官顧問は、露軍の侵攻開始以来の「ウ」軍の戦死者数が約1万人に達した（1日当たり約100人）と発言。その要因として、同顧問は、火力における露軍の優位性を指摘
「ウ」国営通信は、11日夜、テルノピリ州チョルトキウに黒海から発射されたミサイル4発が着弾し、軍事施設及び5階建て住宅4棟に被害、22人が負傷と報じた。
12日、英国防省は、露軍がセヴェロドネツクを徐々に掌握しつつあるとの見方を公表
10日、「ウ」軍参謀本部は、黒海に露海軍の「カリブル」巡航ミサイル搭載艦が所在していると発表
10日、英国防省は、医療サービスが事実上崩壊したマリウポリにおいて今後コレラが大流行する可能性及びヘルソンにおける医薬品の欠乏を指摘
西部軍管区
ブリャンスク
ホメリ
マズィリ
チェルニヒウ
ニージン
コノトプ
クルスク
ヴォロネジ
チョルノービリ原発
リヴネ原発
スーミ
ホストメリ
キーウ
リヴネ
ボリスピリ国際空港
レベディン
ベルゴロド
ジトーミル
オフティルカ
ヴァルイキ
フメリニツキー原発
ワシリキウ
リヴィウ
オゼルネ
チュフイウ
ヤヴォリウ
ポルタヴァ
チョルトキウ
イワノ・フランキウシク
フメリニツキー
ヴィンニツァ
クレメンチューク
イジューム
セヴェロドネツク
ミレロヴォ
ドニプロ
クロピヴニツキー
カナトヴェ
クラマトルスク
ルハンスク
デリャティン
チェルニウツィー
ドネツク
ザポリッジャ
クリヴィー・リフ
モロゾフスク
モルドバ
ヴォズネンセンシク
ザポリッジャ原発
コンスタンティニウカ
クリバキネ
メリトポリ
タガンローグ
ロストフ・ナ・ドヌー
ミコライウ
カホフカ
マリウポリ
ベルジャンスク
オデーサ
ヘルソン
ヘニチェスク
クリミア（ウクライナ領、14年露が占拠）
セヴァストーポリ
ズミイヌィ島
ノヴォロシースク
黒海
0km
200km
攻撃を受けたと報じられた地点
攻撃を受けたと報じられた軍施設
特に激しい戦闘が行われている地域
露軍が占領した地点
地域

出典：防衛省ホームページ

ものの、今なお激しいパルチザン戦が行われています。現地住民はロシアの支配を許さず、自分たちで武装して敵に抵抗しているのです。

このように、各地で激戦が繰り広げられていますが、一番悲劇に見舞われた町はマリウポリだと思います。マリウポリは戦争が始まって3日目くらいに包囲されてしまいました。そこにはアゾフ連隊、国家親衛隊やウクライナ海兵隊など、様々な部隊がありましたが、一番多かったのはアゾフ連隊でした。包囲されそうになったとき、ウクライナ大統領もアゾフ連隊に撤退を一度提案しました。「判断はあなたたちに任せますが、戦闘継続不可能になったら、撤退してもいい」という指示を出しました。ところが、彼らは撤退を拒否しました。ウク

ライナ兵3千人、ロシア兵1万4千人という圧倒的に不利な戦いであるにもかかわらず、彼らは88日間も戦い続けました。弾薬や食料が尽きつつあっても、民間人を守りながら戦い抜いたのです。食料や弾薬はウクライナ軍のヘリコプターで運んでいましたが、敵の攻撃でヘリコプターの6割ぐらいが破壊されたと言われています。このように死ぬ可能性が高いとわかっていながらも、ウクライナ陸軍は、命を懸けてマリウポリに物資を届けようとしたのです。

しかし、この戦いによって、町はほぼ壊滅状態になりました。ガス、水道、電気が止まり、建物の97％が砲撃を受けたという情報もあります。民間人は2万人くらいが死んだというニュースもあります。

残念ながら、マリウポリの防衛者たちは武器を置かざるを得なくなりました。しかし、彼らの88日間にわたる立派な防衛行為、勇気は永遠に歴史教科書に残るし、ウクライナ人は一生彼らの行為を忘れないと私は思います。

「逃げればいい」と言う人へ――出て行くべきはロシアだ！

残念ながら、日本の中には、ウクライナの抵抗は戦争を長引かせるだけだ、命を守るためには降伏した方がいい、と主張する人がいます。例えば、橋下徹さんです。

戦争が始まった当初、橋下さんは、「プーチンはいずれ死ぬから、一旦ウクライナ人は国外に逃げて、プーチンが死んだ後、またウクライナに戻って立て直せばいいではないか」などと言っていました。馬鹿馬鹿しい理屈ですが、真面目に反論しなければならないので反論します。

日本では北方領土問題はもう75年以上も解決していません。北方領土を奪ったスターリンは１９５３年に死にました。ところで、その後北方領土に戻れた日本人は何人いるでしょうか。一人もいません。一回でも領土を失ってしまって、そこに他の民族が住みついたら、永遠とは言わないまでも、取り返すことは非常に難しくなってしまいます。

橋下氏は海外に逃げればいいと言う。私自身も、「なぜ、あなたの親は避難せずにハルキウにとどまっているの」と聞かれることがよくあります。

まず一つは、皆が逃げることは物理的に不可能です。ウクライナの人口は約４０００万人、私の町（市）だけでも１４０万人います。一気に皆が車で逃げようとしても、まずガソリンが足りないし、道も混雑してしまって、ミサイル攻撃の対象になりかねません。仮に西部に逃げられたとしても、その後、そこでしばらく暮らすための全員分の住居もありません。仕事もなければ、食料もありません。

さらに、物理的な問題とともに、心理的な問題もあります。親と避難について話したとき、母はこう言いました、「私たちはこの町で生まれ育ったではないか、出て行くべきはロシア人だろ！」と。当たり前の話なんです。なぜ、ウクライナ人が自分の国から出て行かなければならないのかということです。

歴史上、降伏して幸せになった民族は、ほぼこの世の中に存在しません。日本の歴史は特殊で、２６８０年余にわたってずっと独立を保って、同じ民族、伝統、文化、言語を守ることができました。敗けたのは、第二次世界大戦の一度だけです。敗戦後、米軍に占領されました。それで、ほとんどの日本人は米軍の占領しか知らないのですが、それでも、北方領土や樺太、満洲に住んでいた人は、ソ連による占領の実態をよく知っているはずです。何十万もの日本人がシベリア抑留されてそのうち十人に一人が死んでしまって、戻ってくることができませんでした。

ですから、きちんと歴史を学べば、日本人だって虐殺された歴史や酷い扱いをされたことがわかるはずなのですが、アメリカの占領のことばかり考えてしまい、降伏してもアメリカのような比較的優しい占領を受けるだろうと考えているのでしょう。しかし、実際はそういうことはありません。

アメリカとロシアの占領の違いは、例えば韓国と北朝鮮を見ればわかります。同じ民族が南北に分断され、北は東側社会主義陣営に、南は西側自由主義陣営に組み込まれました。いま南の経済はロシアより高い水準です。ロシアのＧＤＰは韓国以下です。北は未だに独裁国家であって、ミサイルしかつくれない情けない国家です。

他国の植民地支配を受け続けてきたウクライナの歴史

ウクライナにとって、いまの戦争は初めての戦争ではありません。ウクライナは13世紀にモンゴル帝国に滅ぼされて以来、絶えず他国の植民地支配を受けてきました。モンゴルの後はリトアニアに占領され、ポーランドに占領され、ロシアに占領され、ロシア革命の時に一度独立戦争をして独立を得たものの、１９２２年にはソ連にまた占領されて、第二次世界大戦ではドイツに占領されました（79頁「ウクライナ略史」参照）。

ウクライナの歴史は独立を得るための歴史です。現在起きていることもその一環です。ウクライナが占領されていたとき、毎回酷い扱いを受けていました。特にロシアの場合は、言語の禁止だったり、文化の破壊だったり、強制的に宗教を変えさせられたりしました。一番怖ろしかったのは、ソ連スターリン時代の１９３２年です。

ウクライナ人の「ロシア化」が遅れてしまったのは、ウクライナ人が多すぎたからだとソ連政府は考えて、人口減少政策をとりました。「ホロドモール（飢餓による虐殺の意）」という政策です。赤軍がウクライナ人たちの村を包囲して、農家が持っていた食糧を1グラムも残さず全て奪い、それを輸出し、海外から外貨や武器を手に入れていました。人々がどこかに逃げようとすると、殺されたり、シベリアに抑留されたりしました。ソ連は独裁国家なので正確な数字はわかりませんが、４００万人から１４５０万人ともいわれる人々が餓死しました。これはれっきとしたジェノサイドです。

これによって、ウクライナの人口は激減しましたが、もしそれらの人々が生き残ってその子孫を残したとしたら、つまり、ホロドモールがなければ、今のウクライナの人口は1200万~1400万人は多かったはずだと推測されています。死んだウクライナ人の代わりにロシア人がウクライナ東部へ入植しました。これが今言われている東部のロシア系住民の大半の由来なのです。およそ7割がこの時に入ったと言われています。日本のメディアでは、ウクライナ東部にロシア系住民がいるとか、ロシア語話者がいると報道しますが、ロシア系住民がなぜそこにいるのか、彼らはどのようにして現れたのか、その歴史的背景には全く触れていません。これは非常に不誠実であると思います。

ブチャの虐殺

このように、降伏すれば命が助かるという考え方は、昔も間違っていたし、今も間違っていることは明らかです。

ウクライナのブチャやイルピンは、ウクライナ北部にある町です。ブチャが占領されたのは2月26日。その後1か月にわたり、ロシア軍に占領されました。3月末にウクライナ軍が奪回したとき、様々な戦争犯罪の証拠が見つかりました。ロシア軍への協力を拒否した市長は一家諸共殺害されました。女性のレイプ事件もたくさんありました。なかでも悲惨なのは、男性が手を後ろに縛られたままで頭を撃たれて死んでいたことです。そんな遺体が多数見つかっています。

ウクライナには徴兵があり、通常は３万人くらいが徴兵されています。徴兵手帳は男なら皆持っていて、そこに軍歴がしっかりと書かれています。徴兵されなかった場合は何も記載がありませんし、実際に軍役に就いたことがあれば、その経歴は詳しく書かれています。ロシアによる占領地域では、ロシア軍が男性たちの軍歴手帳を確認して、もし一回でもウクライナ軍に所属したことがあるとか、ましてや東部紛争に関わったことがあれば、粛清対象となります。

武器供与について

ウクライナに武器を送ると戦争が長引くだけだとか、欧米が武器を送るから戦争が終わらないのだという人たちがいますが、そんなことは決してありません。ウクライナ人は、降伏してしまえば、粛清されるということがわかっているので、武器があろうがなかろうが戦い続けるのです。人道支援も心より感謝しておりますし、とても大事なことですが、医療品、医薬品などは既に被害を受けた方を救うことはできますが、新しい被害を防ぐことはできません。ロシア軍が居座っている限りは、ずっと被害が出るわけなので、ロシア兵をウクライナから追い出すことが戦争を終わらせる一番早い方法ですし、殺人を止める唯一の方法です。そのために武器が必要なのです。ところが、日本の国会には防弾チョッキすら武器扱いする勢力があります（＊2）。

アメリカの場合は多連装ロケットシステムを供与していますが、残念ながら日本はそれができません。私はもちろんそういったことを日本に要請する考えはありませんし、現実問題として無理だと思います。憲法の制約もありますし、法律の制約もあります。したがって、日本によるウクライナへの武器提供は間に合わないと考えています。しかし、いずれ日本も必ず同盟国を武器で支える必要性が出てくると私は考えています。

中国は虎視眈々と台湾を狙っています。中国が台湾に手を出したとき、台湾を助けられる周辺国は日本しかありません。アメリカも協力するとバイデン大統領は言っていますが、アメリカは遠く、日本は近い。台湾の味方は少なく、どちらかというと敵の方が多い。近くの味方は日本のみです。だからこそ、実行に至るかどうかは別として、日本が友好国に武器を提供する法整備は、今から進めるべきではないかと私は考えています。

ウクライナがいま戦い、耐えることができているのは国際社会の協力のお陰です。例えば、リトアニアでは、ウクライナ軍に無人機を提供するために、一般市民が3日間のクラウドファンディングで6億円を集めて、ウクライナのために無人機を買ってくれました。それを知ったトルコの会社が、無人機を無料で提供すると申し出てくれたりもしました。リトアニアは、ロシア支配の恐ろしさを知っているバルト三国の一つで、人口３００万人弱の小さな国であるにもかかわらず、今回、ウクライナに対する武器供与や、ロシアからのエネルギー輸入の停止などの支援をしてくれているのです。もちろん、日本も自衛隊の輸送機を東ヨーロッパに送って、ウクライナのための物資を運んでくれたりしています。全世界が、ウクライナのために多くの協力をして下さっています。それもすべて、ウクライナが諦めずに戦っているが故のことであると私は思っています。

実は、戦争が始まってすぐ、ウクライナの外務大臣がドイツに連絡して、協力要請しました。しかし、ドイツは「あなたたちはどうせすぐに負けるだろう。物資を提供しても敵に渡るだけだから意味がない」と言って、協力を断りました。ところが、１週間経っても、１か月経っても、ウクライナは敗けることはありませんでした。逆に首都から敵を押し返して、東部のハルキウからも敵を押し返した。ウクライナ軍の本気度がわかったドイツを含む欧米諸国は、武器や物資提供をする価値があると判断して、ウクライナを支援するようになったのです。

＊２　３月初旬、日本政府がウクライナに防弾チョッキを提供する方針を示したことに対して、日本共産党は「防弾チョッキであっても、防衛装備品にあたり、防衛装備品の供与はわが党が反対してきた武器輸出にあたる。党として賛成できない」としている。

加速するプーチン離れ

プーチンが侵略を決めたのも、ウクライナ人は抵抗しないと思ったからだと言われています。プーチンは最近コロナの影響で隔離されていて、ロシア連邦保安庁（ＦＳＢ）の人としか話していないという情報を見たことがあります。

私は、プーチンは自分で自分のプロパガンダを信じてしまったのだと思います。ウクライナ東部の住民は全員親露派で、ロシア語話者が圧倒的に多いので、ロシア軍が攻めても歓迎されるだろう、などといった話をよくロシア側は流していました。今はそう言う人は減りました。最新のウクライナ人の世論調査で、「ロシア人のことをどう考えていますか」という問いに、「嫌い」が史上最高の92％に上りました。「好き」は史上最低の２％です。戦争前の調査では、55％が「好き」と答えていたのです。プーチンの戦争によって親露派がいなくなったわけです。プーチンの計画は、ほとんどが彼の思ったのとは逆の方向に行ってしまったと私は思っています。

クリミア半島が取られるまではウクライナ国民のＮＡＴＯ加盟支持率は30％に過ぎなかった。ところがクリミア侵略後、ロシアの脅威に気づいてＮＡＴＯ加盟しないといけないと思った人が64％と倍増しました。プーチンは、隣国ウクライナがＮＡＴＯに加盟したら、ロシアが危険なのでウクライナに先制攻撃をしなければいけないと考えましたが、皮肉にも、ウクライナより遙かにロシアの首都に近いフィンランドとスウェーデンが、ＮＡＴＯへの加盟を正式に申請しました。

私は３年前の前回選挙でゼレンスキー大統領に投票しませんでした。彼の支持率も20％程度でしたが、今回の戦争で首都に残って戦うことを決めると91％まで支持率が上がりました。傀儡政権の樹立をもくろんでいたプーチンの思惑はここでも外れました。このように彼が設定していた目標は何一つ達成されていないばかりか、すべて反対に向かっています。にもかかわらず彼はまだ諦めていません。

「戦わない」が戦争を招く

ロシアは、ウクライナ国民について、一部の民族主義者が抵抗するだろうが、多くのウクライナ人は抵抗しないだろう、とか、愛国心はそれほど強くなく、誰に占領されてもどうでもいいと考えているだろう、などといったプロパガンダを流していました。ここからわかるのは、敵から「戦わない」と思われることは、逆に戦争を招きかねないということです。つまり、戦わずに逃げるという考え方は、実は危険な思想なのです。

日本の場合、そういう思想が、あろうことか憲法の中に組み込まれています。憲法９条です。日本国憲法は「平和主義」だと言われますが、私の考えでは、日本国憲法は平和主義ではなく「不戦主義」です。でも現実には不戦主義では平和は守れず、逆に国家を危険に晒しかねません。今こそ日本は、危ない不戦主義から脱し、本当に平和を守れる普通の国家になる機会だと思います。

ご存じの通り、日本国憲法は日本人がつくったものではありません。日本が戦争に敗けてアメリカが日本に押しつけたものです。しかも、押しつけた当の本人ですら、日本は主権を回復したらすぐに自分たちの憲法をつくるだろうと考えていたのに、77年経っても日本人は憲法を一文字たりとも変えていません。これははっきり言って異常です。仮に押し付けられた憲法でなかったとしても、世代が変わって憲法起草者もほとんど生きていないのに、一文字も変えていないのは異常です。押しつけられた憲法なら、なおさら異常です。

そして、このこと自体、他の国に危険なメッセージを送っています。例えばそういう日本人の姿勢を見た中国に、日本人という民族は一度でも武力で倒してしまえば、ずっと従ってくれる、占領軍を置かなくても、一度でも思想を植え付けてしまえば、自発的に言うことを聞いてくれる、と思わせてしまうわけです。

日本人が投票所に行って、憲法9条改正に賛成の票を入れて、我々は自分の国は自分で守りますよ、自衛隊が我々を守っているように、我々も自衛隊の権利を守りますよ、という強い意思を示せば、仮に防衛費を増額できなかったとしても、国民の国を守る覚悟そのものが大きな抑止力になると思います。

世界はいま大きく変わりました。バルト三国は戦争が始まる直前、ロシアが軍隊を集結させていた時から、ウクライナへの武器提供を始めました。先述したようにドイツはずっとそれを拒否していました。紛争中の国には武器を送らないと言っていました。しかし、実際に戦争が起きると、ドイツは、自分たちの戦略は間違っていたと、防衛費をＧＤＰの２％に増額することを決定し、ウクライナに対する軍事支援も始めました。

日本でも、今回のウクライナの状況を見て、平和というものは一瞬で壊れてしまうということを痛感した人たちが増えていると感じます。

日本国憲法は世界のパワーバランスを崩している

日本国憲法は日本国内のことだと思われがちですが、決してそうではありません。戦争が始まる前の昨年12月から、ロシアは多くの兵力をウクライナ国境周辺に集結させ始めました。19～22万人くらいのロシア兵が集まっていました。

では、その兵力はどこから来たのでしょうか。多くの部隊は極東のシベリアや樺太などから来ました。要するに東から西へ移動させられたのです。では、なぜロシア軍はそんなに簡単に軍隊を東から西へ移動できたのでしょうか。それはやはり日本には憲法９条があって、ロシアが西で戦争をしてそのために東の備えが弱体化しようとも、日本人が北方領土を取り返しに来ることはないとわかっていたからです。このように日本国憲法は、日本国内の問題のように見えて、実は世界のパワーバランスを崩してしまい、他の国々を危険に晒している側面があるのです。

プーチンが多くの軍隊を集結させたときに、バイデン大統領は何と言っていたか。「アメリカは派兵しません」――それを何度も繰り返しました。一見平和主義に見えるかもしれませんが、その不戦主義こそがプーチンに戦争をさせた一因でもあるのです。

ロシアのプロパガンダを日本に適用すれば……

「平和ボケ」という言葉がありますが、ウクライナも8年前のクリミア半島強奪までは、まさに平和ボケでした。

「戦争はもうあり得ない」と考え、防衛費を大幅に減らしました。冷戦が終わりソ連が崩壊したので、これからは一方的な武力行使なんてあり得ない、多額の防衛費は要らない、代わりに福祉に回そう、という考えに傾きました。こうして、１００万人の軍隊を20万人にまで減らしました。

さらに、核兵器を放棄してその代わりに「ブダペスト覚書」に署名しました。ウクライナが核兵器を譲る代わりに、アメリカ、イギリス、フランス、ロシアがウクライナの安全を保障するという約束でした。

　しかし結果は、ウクライナの安全を保障すると約束したロシア自らがウクライナに対して侵略戦争を始めたのでした。覚書などなかったかのように、ウクライナの領土を奪って、今も攻撃を続けているわけです。

　ロシアがウクライナを侵略するために使った理屈は、そのまま日本にも当てはめることができます。ロシアは、「現地の住民を保護するために私たちは軍事作戦を開始した」と言いました。ウクライナ東部の住民は長年にわたって、中央政府にいじめられ、差別され、虐殺されていた。中央政府は彼らの民意を無視していた。よって私たちは彼らを解放するために戦争するのだ、と。

　この戦争が始まる前から、沖縄について全く同じような話を聞いたことがあります。国際社会に向けて、日本に関するデマを流している勢力があります。親中派の勢力です。彼らは、「沖縄は、本来は日本の領土ではない、明治時代に無理矢理日本に併合されたのだ。沖縄は歴史的に日本よりも中国との繋がりの方が深い。沖縄県民の民意は中央政府に無視されていて、米軍基地負担を無理矢理押しつけられている。沖縄の人々は本土から二等国民扱いされていて、ずっと差別されてきた」と。沖縄をクリミアやウクライナ東部、日本をウクライナに読み換えれば、ロシアがウクライナ侵略を正当化する主張と重なります。

　日本にはアイヌの問題もあります。２０１９年に鈴木宗男さんらが「アイヌ新法」を国会で通しました。アイヌを先住民族として認めて、個別の権利、支援を与える法律です。実はロシアも数年前、プーチンの指令により、アイヌをロシアの先住民族として認めました。これによって、「アイヌはロシアの先住民族であり、北海道は本来アイヌの土地である。よってロシアには北海道を有する権利がある」という理論が組み立てられます。

ロシアは、ウクライナがＮＡＴＯに入ろうとしたから、それを防ぐために戦争をせざるを得なかったと言っています。まず「ＮＡＴＯの拡大」という言い方自体、誤解を招く表現です。ＮＡＴＯは他国に加盟を強要することはありません。他の国に軍事力を行使して傀儡（かいらい）政権をつくってＮＡＴＯに加盟させたというような前例はないのです。

東欧諸国は、ロシアという怖ろしい隣人に二度と支配されたくない、二度とロシア勢力圏に入りたくないと考え、自発的にＮＡＴＯ加盟を申請し、それが承認されて加盟国になったのです。にもかかわらず、ロシアはそれを許さない姿勢を貫いていて、今回は戦争まで起こしてしまっている。これも日本にとって他人事ではありません。日本の場合は日米同盟というものがあり、日米同盟を強化することは、日本の方針です。これに対して日本の隣国が「日米同盟がこれ以上強くなってしまったら困るので、そうならないうちに攻撃する」と言い出すかもしれません。

プーチンはこう言っています。「ウクライナに米軍基地ができたり、米軍のミサイルが置かれてしまったら、ロシアにとって大きな脅威になるので、私たちはそれを許すことができない」と。

北海道に米軍基地は一つもありません。そもそも基地を置くかどうかは、日本とアメリカの勝手です。隣国にとやかく言われる筋合いはありません。しかし、彼らは「そこに基地ができたら危ないので、防衛線を遠くするために、先制攻撃して北海道を取る必要がある」と言い出すかもしれません。

つまり、どんな嘘であろうと、侵略しようと思えば、理屈は後でいくらでも見つけられるというわけです。

ロシアは、こんな出鱈目まで言っています。「ウクライナは核兵器をつくる技術を持っていたので、ウクライナは核兵器をつくろうとしているかもしれない。だから、ウクライナに核兵器をつくらせないために侵攻した」。あるいは、「生物学研究所があって、そこでコロナの研究が行われていた」とまで言って、コロナまでウクライナのせいにしようとしています。そのうち地球温暖化はウクライナのせいだと言い出しかねません。ロシアのフェイクニュースを聞くと、ウクライナは世界の中心だと錯覚しそうです（苦笑）。

日本には核兵器をつくる潜在的技術はあると思います。たとえ日本が核兵器をつくる意思を持たなくても、潜在的技術力があるということだけで、それを防ぐと称して侵略するかもしれません。あるいは、生物学研究所についてもロシアの記事には、「日本の七三一部隊のような実験がウクライナで行われていた」と、わざわざ日本を絡ませています。しかし、生物学研究所はどんな国にも存在します。それがなければコロナワクチンをつくることができませんし、どんなワクチンもつくることができません。

問題はそこで、生物兵器がつくられていたのか、医薬品がつくられていたのか、ということです。日本にも生物学研究所に相当する施設が各地に存在します。もちろん生物兵器などつくっていませんが、しかし悪しき隣人たちは、そういう嘘をついて日本を攻撃するかもしれません。これは、つくっていないということを証明する、つまり悪魔の証明になるため反論は難しいのです。

このように、ロシアのごり押しの主張は日本にも当てはまるのです。

ウクライナ以上に危険な不思議の国・日本

日本は、ウクライナ以上に危険な状況にあると私は考えています。ウクライナには今の戦争が始まる前までは、拉致問題は存在しませんでした。日本には未だに日本に帰ることができていない方々がいます。ウクライナは領土問題を抱えたことがありませんでした。クリミア半島もソ連崩壊後、ロシアは正式にウクライナ領土と認めて、その後2014年までは一度も正式にクリミアをよこせと言ったことはありませんでした。一方の日本は、尖閣、北方領土、竹島について、隣国との領土問題を抱え続けています。

ウクライナの場合、周辺は味方が多く、敵はロシアとベラルーシしかいない。周りの欧米は味方であり、陸続きなので支援を受けることは比較的容易です。日本の周辺は中国、北朝鮮、ロシアという核兵器保有国であり、周辺の友好国は台湾のみといっていい。韓国も一応同じ陣営ではありますが、あまり期待できません。日本は島国なので、いざというとき、アメリカに協力を要請しても海上封鎖されてしまったら、支援を受けることは非常に難しくなります。

ウクライナの場合、戦争前、外国のミサイルがウクライナ上空を飛んだことは一度もありませんでした。日本の場合、北朝鮮は日本に向けて何度もミサイルを撃っており、最近も撃ちました。

私が警報を初めて聞いたのは、ウクライナではなく日本にいたときでした。2019年、私は群馬県に住んでいましたが、朝8時頃に携帯のアラームが鳴って、地震かなと思って見てみると、「北朝鮮、ミサイル発射」とありました。私はこれは危険だと思いましたが、ツイッターを見ると、どちらかと言うと危機感を抱いている人の方が少なくて、なかには面白がっている人もいました。一番不思議だったのは、ミサイルを飛ばしている北朝鮮ではなくて、Jアラートを鳴らしている日本政府に怒っている人が結構いたことです。あなたたちを守るためにやっているのに、「煽るな」とか言っている。日本は特殊な国だと思いました。

多くの日本人は未だに国際条約とか、国連に期待しています。しかし、国連が役に立った前例があるのでしょうか。今回の戦争が始まる8年前から、ロシアはウクライナからクリミア半島を奪っていたし、東部にはイーゴリ・ギルキンという元ロシア連邦保安庁（FSB）職員を送り込んで、現地の反国家的勢力を武装させたりしていました。彼はロシア生まれのロシア育ちでロシア国籍保有者ですが、東部親露派勢力の最高責任者まで務めました。義勇兵をロシアから何万人も入れ、彼らはロシアから武器と物資を支給されていました。こうしてこの8年間ずっと東部で紛争を続けていたわけです。ところが国連は、遺憾を表明したり、ロシアを非難しても、具体的な行動を取ったことはありませんでした。

仮に、今回のような曖昧なハイブリッド戦争ではなく、通常の全面戦争になっても、国連は全く何もすることができません。ロシアには拒否権があるからです。

しかも、アメリカも派兵しない理由をこう言っています。「もしアメリカが直接関わってしまったら、第三次世界大戦になり、核戦争になるかもしれない」と。

しかし、これはロシアやウクライナのケースにだけ言えることではありません。日本の最大の仮想敵国は中国ですが、中国だって核ミサイルを持っているわけです。中国が尖閣を占領しても、アメリカからは「あなたたちは完全に正しいし応援するけれども、アメリカが直接関わったら第三次世界大戦になってしまうかもしれないので、何とか自分で頑張ってください」と言われかねないのです。米兵の中にも日本のために死にたい人は一人もいません。彼らにも自分の国があり家族がいます。〝日本人と共に〟ならまだしも、〝日本人の代わりに〟

米軍が戦うことはないということを、ウクライナの戦争は示しているのです。

日本人に足りないのは覚悟だけ

いまのウクライナの戦いは、決してウクライナを守るためだけの戦いではありません。ウクライナは、「国際法に基づく世界秩序」を保つためにも戦っているのです。

もし、ウクライナが敗けてしまったら、中国もきっと行動を起こします。世界は一気に19世紀の弱肉強食の世界に戻ってしまいます。侵略国家というものは、一つの国家だけを占領して、そこでやめたという前例はありません。ヒトラーにせよ、ロシアにせよ、中国にせよ、一度でも成功例を与えてしまえば、彼らは調子に乗って、さらにどんどん挑発の数を増やすのです。

ウクライナの戦争によって、ドイツ人の多くが目覚めました。今までの方針を変えて、ヨーロッパ一強い軍隊をつくるんだと、ドイツは言い始めました。日本の中でも関心は確実に高まっています。きれい事だけでは国は守れないと考え始めた人々が多くいます。

ウクライナ軍は８年前、本当に情けない状況でした。当時、私は陸軍を支援するボランティア活動をしていましたが、あのときは装備どころか、食料も衣服も下着さえも足りない、全てが足りない、という情けない状況でした。もう戦争は起きない、軍隊はそれほど大事ではないと皆が思っていました。汚職も酷かった。官僚も防衛費にはお金を回さないようにしていた。つまり軍隊は戦えない状態だったのです。

だから、一般市民が自分のお金で海外から装備を輸入したり、食料を備蓄したりしました。私も親のお金で物資を購入して軍事基地を回って配ったりしていました。今はそんなことをする必要がありません。この8年間で、ウクライナはロシアに対抗できる軍隊をほぼゼロからつくりあげました。ウクライナの経済力でもできたわけですから、日本はもっと早く自国の兵力を増強できると私は考えています。日本には経済力もあるし、技術力もある。足りないのは覚悟だけです。

日本の復興力は凄いです。私は先月広島に行き、広島の町の美しさに感銘を受けました。広島の人たちに「ウクライナ人に勇気をいただいています」と言われましたが、ウクライナ人の私の方こそ広島の方々に勇気をいただきました。原爆で完全に破壊されても、強い祖国愛があれば、これだけ立派な町に復興できるのだと思い、ともすれば、絶望感に打ちひしがれがちな祖国の現状ですが、前向きな気持ちを持とうと思ったのです。

日本は昔から災害大国です。日本人の復興力はウクライナ人に多くの希望を与えています。しかし、復興は大事ですが、最初から破壊されないに越したことはありません。そのためには抑止力、軍事力が必要不可欠です。

日本がウクライナを直接支援しなかったとしても、日本という国が極東でより強く、より覚悟のある国、より国際政治に関わる国になれば、そのことが自動的にウクライナのためにも、世界平和のためにもなると思います。そうなれば、ウクライナの犠牲は決して無駄にはならない。日本の多くの人々が目覚めて、より正義の通る世界にするために、より強い国をつくることに力を入れて頂ければと思います。

参加者との質疑応答

Q1　ウクライナの方々は、日本に対してどのような支援を期待していますか？

戦争が始まって以降、何回かウクライナ大使と話をする機会がありました。大使によると、物資については、日本からウクライナに送ろうとすると費用がかなりかかります。したがって、近隣国で買った方が効率が良い。

しかし、日本にしか提供できないものもいくつかあります。まず医療器具です。これは、戦闘員にとっても非戦闘員にとっても非常に役に立ちます。さらには車両です。消防車と救急車もそうですが、ウクライナ国内で物資を運ぶためには一般車両も必要です。一番必要としているのは武器ですが、日本の場合は提供することが無理です。その他、ハイテク技術については日本のレベルは高いので、そういったものはすべてウクライナの役に立つと考えています。

Q２　ウクライナから日本へ避難して来られた方々に対して、日本政府としてどのような支援が必要だとお考えですか？

日本政府は、避難民に対して一日最大２４００円の生活費を支給すると発表しています。一方、避難民に対する日本語教育は２か月で１５０時間指導するとしています。経済支援ももちろん大切ですが、日本語がしゃべれるようにならないと、いつまで経っても、自立した生活はできないので、これからもっと力を入れていった方が良いと私は思っています。

私は８年前から日本に住んでいますが、正直どうやって日本語を覚えたのかを忘れています。しかし、日本語は他の言語と比べて発音が易しいと感じています。英語などだと、言葉と言葉の間が聞き取りにくかったりしますが、日本語の場合はそういったこともなく、聞き取りやすいと思います。

外国人にとっての主な課題は、漢字とひらがな、かたかな、そして語順です。実は、ロシア語もウクライナ語も語順が決まっていません。語順によってニュアンスが変わります。私は８年間日本に住んだせいで、母としゃべるときでもいつも動詞を一番後ろに持って行ってしまうので、「おまえの話し方はおかしい」とよく指摘されたりしています。

そして、外国人が日本語を勉強する上で何よりも大切なのは、できるだけ日本語の環境に身を置くことだと思います。外国人が犯してしまいがちな失敗は、自国の人とばかり交流してしまうことです。日本語を話さなくても日常生活を送れるのであれば、何年経っても勉強する意欲が湧かず成長しないと思います。同じ国の人を集中させないようにして、できるだけ日本人とのコミュニケーションを多くとらせることが有効ではないかと考えています。これは、相互理解を深める上でも必要不可欠なことだと思います。

Q3　マリウポリの兵士のその後について、ご存じのことがあれば教えて下さい。

マリウポリの防衛者は国民的な英雄です。ウクライナ国内でも、彼らが死刑になるのではないかと皆が心配しています。そもそも、アゾフ連隊は、ロシアから名指しで批判されています。

ウクライナには、自称「ドネツク人民共和国」というテロ組織がありますが、彼らは「アゾフ連隊を裁判にかけるべきだ、彼らの犯罪は死刑に値する」と言って死刑にする気満々です。また、ロシアの国会内ではある政党が、「アゾフ連隊の人を捕虜交換してはいけない」という法律を通そうとしている動きもあります。

それに対して、ウクライナの立場としては、マリウポリの防衛者が殺された場合は和平交渉を一切しないというスタンスをとっています。現時点で彼らが拷問されているという情報が入っていないのはうれしいことではありますが、家に戻れていないのもまた現実です。

ロシアはこの8年間、「アゾフこそが諸悪の根源」と自国民に教えてきました。ですから、彼らをウクライナに返してしまったら、ロシア国民の怒りを買うことになります。なので、いまはお互いがその問題に触れないようにしているわけです。

しかし、彼らは非常に注目されているから人権が守られていますが、赤十字や国連の目が届いていないところでウクライナ兵がどのような酷い仕打ちを受けているかは、残念ながら今のところわかりません。それも非常に心配しています。

Q4　戦争開始以降の日本のメディア報道について、どのようにお感じですか？

戦争が始まったときに、私は日本のテレビ局で現地ニュースの速報を翻訳する仕事をしていました。ウクライナ語から日本語に翻訳して提出するのですが、実際の番組では避難民の証言について、大切な部分をカットして、「戦争は大変だ」という一般論に導こうとするような傾向が見られました。

ある時は、避難民の方が、「私は祖国の勝利を願います。ウクライナに栄光あれ」と言っていましたが、ＮＨＫの字幕では「大変だけど平和を祈ります」となっていました。「勝利」と「平和」では、意味合いが全く違います。さらに、「ウクライナに栄光あれ」はなぜかあえてカットしたりしているのです。

ウクライナ人はかわいそう、戦争は大変、戦争してはいけない――そんな一般論ばっかり流しているのです。しかし、そんなことは小学生にもわかる話です。

戦争には必ず責任者がいます。避難民たちもプーチンの批判をしたりしています。在日ロシア人の中にも、西側にシンパシーを持っている反プーチン派の人がいます。ある番組では、彼らがロシアの政治腐敗の話であったり、プーチンの独裁政治の話などを、1時間にわたって話していましたが、「日本ではロシア人というだけで、偏見を受けることがあります」という一言だけが字幕に入れられていたこともありました。全然話の内容が違うのに、自分に都合の良い発言ばかりを拾うのは、日本のマスコミの悪い癖ではないでしょうか。

とはいえ、ＹｏｕＴｕｂｅなどにはびこる陰謀論者とは違って、大手マスコミは誰から見てもおかしいようなことを言うことはできないため、「報道しない自由」を主に行使しているとも言えます。

一方の陰謀論者は、別の世界のニュースを流しています。話題になっている馬渕元駐ウクライナ大使は「ヒトラーは戦争をしたくなかったけれども、国際ユダヤ勢力はどうしても彼に戦争をさせたかった」と持論を展開します。しかし、彼は本当のナチスは悪くないと一方で言いながら、なぜウクライナのネオナチが悪いと主張するのか不思議でなりません。

ロシアの立場から見れば、ウクライナの愛国者はみなネオナチ扱いです。ロシア大使館のツイートを見てみてください。彼らは、日本に対してもレッテル貼りをしています。靖国神社に日本の政治家が参拝すると、日本が帝国主義と軍事主義を復活させようとしているんだとか、日本はこの百年の間に二回もナチスと手を組んだ。一回はナチスドイツ、二回はナチスウクライナとだ、とか。

Q５　ウクライナはかつて旧ソ連圏に入っていました。自由や民主主義といった価値観は、どの程度ウクライナに根付いているのでしょうか？

２０１４年に政権交代が起きたときから、ウクライナの報道の自由度、民主主義度は毎年少しずつ上がっています。しかし、70年間もずっとソ連の一部だったこともあり、熟した民主主義までの道は遠いと思います。

ところで、ロシアは建国以来、一度も民主主義を経験したことのない国です。一方のウクライナは、17世紀から民主主義に近い政治形態で国をつくってきました。たとえば、コサック国家は最高指導者を皆で決める制度をとっていました。また、１９１７年にウクライナ人民共和国がつくられましたが、ここでも普通選挙がありました。

しかし、ソ連は一党独裁を続けました。そしてソ連が崩壊した後も、ベラルーシの場合は、ルカシェンコ大統領が30年間ずっと大統領を続けています。プーチンも２０００年以降、長期間大統領を続けています。カザフスタンは最近大統領が変わりましたが、その前のナザルバエフという方は約30年間大統領を務めました。しかし、ウクライナだけはどんな大統領でも、一任期以上続けられなかった国であります。そこにはメリットもデメリットもありますが、いずれにせよ独裁にはなったことのない国です。

すぐに政権交代が起きるので不安定感はありますが、ウクライナ人が独裁を許さない民族であることはおわかりかと思います。最近では、２０１３年、ヤヌコヴィッチ大統領が武力によって、自身の政策に反対する人たちの平和的なデモを鎮圧しようとしたところ、国民はすぐに立ち上がって、政権を打倒しました。

「あなたにとって一番重要な価値は何ですか」という世論調査がありました。

ウクライナ人の一位は「自由」。ロシア人の一位は「安定」でした。ロシア人の言う「安定」は、大統領が変わらないことです。たしかにそちらの方が楽です。責任はすべてプーチンに押しつけられるわけですから。いまの戦争についても多くのロシア人は、私たちの国は独裁だから国民に責任はないと言っていたりします。しかし、プーチンの暴走を許しているのは他ならぬロシア国民です。その自覚がない人が多いように思います。

自覚を持って発言する人は粛清の対象になるのもロシアの恐ろしさです。今回、ウクライナは過酷な戦争の中にあっても、海外に逃げたのは６００万人です。一方、ロシアは攻撃を受けていないのに、４００万人が海外に逃げています。彼らは爆弾からではなく、自国の政府から逃げているのです。強制動員されて戦地に送られるかもしれませんし、公式見解と異なった意見を言えば刑務所に入れられるかもしれません。

このようにロシアとウクライナでは、国柄が全く違います。ウクライナの政治が多くの課題を抱えているのも事実ですが、それでも、旧ソ連の中でバルト三国に次いで最も民主的な国がウクライナだと私は考えています。

Ｑ６　ウクライナが中国に武器を輸出してきたことについて、どのようにお考えですか？　ウクライナの政策によって、日本が脅威に晒されているという意見があります。

ウクライナが中国に空母を売ったことは事実です。これは１９９８年のことですが、当時のウクライナは親露派政権でした。ただし、最初から空母として売ったわけではありません。マカオの民間企業が船体をカジノにするというので、ボロ船を軍事装備が何一つない状態で売りました。契約の中にも、「軍事利用厳禁」とはっきり書かれていました。

しかし、彼らはそれをすぐに転売してしまい、その後中国が改修して空母にしました。親露派政権というのは、欧米は敵、東側こそが味方という政権ですので、中国やロシアとの関係を深めることを基本政策としていました。しかし今は中国企業と２０１４年以降、新しい契約が結ばれていないのも現実です。新しく輸出された武器は直近ではありません。ウクライナが親欧米の政権に変わって、飛行機や戦闘機をつくる中国の民間企業がウクライナの民間の軍事武器を買おうとしました。取引は一旦成約しましたが、ウクライナ保安庁が超法規的措置をつかって、その取引を反故にしました。国の安全保障に反するからです。このように、軍事に関しては親欧米政権で中国との関係は大きく見直されています。

しかし、万が一いまの政権が倒れて、親露的な政権ができてしまえば、中国に対する輸出は再開されるでしょう。ロシアの黒海艦隊「モスクワ」が「ネプチューン」という対艦ミサイルで沈められましたが、あれはウクライナ開発のウクライナ産のミサイルです。しかし、親露派政権になってしまえば、その技術はロシアや中国に渡るはずです。

ウクライナに対して温かい気持ちがないとしても、日本の国益の観点から考えると、ウクライナが親欧米政権のままいた方が日本のためにもなるというのが現状だと考えています。

Q７　停戦交渉の見通しについて、どのようにお考えですか？

停戦交渉は事実ストップしています。以前はほぼ毎日のように交渉が試みられていましたが、ロシア側が妥協するつもりがないということがわかり、停止しています。

一方、ゼレンスキー大統領は、「ロシア軍を開戦以前の国境線まで押し返して初めて平和交渉ができるんだ」と明言しています。つまり、ウクライナは領土、国民を譲るようなことはしないという姿勢を貫いているのです。

戦争開始後、ウクライナ軍の兵隊は25万でしたが、いまは約70万になりました。武器だけが足りていません。この間、両国の力関係も大きく変わりました。６月からはウクライナ軍による大規模な反撃戦の準備も進められています。ハルキウにおいてもウクライナ軍が多くの地域を奪還できました。この戦争を終わらせるためにはウクライナが抵抗の意思を示し続け、ロシア国民がこの戦争は勝てない、無駄なんだと認識して初めてしっかりとした交渉のテーブルに着くことができると思います。

ところで、いまロシアはものすごい情報統制を行っています。ツイッターもインスタグラムも禁止されています。ＹｏｕＴｕｂｅもロシア政府に反するチャンネルはブロックされてしまいます。これから先、できるだけ多くのロシア国民に、戦争の真実を伝えることが必要です。また、経済制裁を強めることによって、ロシア政府内の反プーチン勢力に力を持たせることが必要です。

プーチン政権は二つの柱で支えられています。一つは治安や国防を司る人々。もう一つは、オルガルヒと言われる新興財閥です。新興財閥は、石油と天然ガスの利益を得ています。しかし、彼らはこの戦争によって大きな損害を被っているため、彼らの中に戦争反対派が増えつつあります。あれだけ儲かっていたのに国際経済制裁によって資産の大半を失ってしまっているのですから、不満が高まっています。

ロシア国内を不安定化することで、この戦争を終わりに近づけられるのではないかと考えています。

■ ウクライナ略史

8世紀	ルーシ（キーウ公国）成立
１２４０	モンゴル（タタール）軍、キーウを攻略
１３４０	ポーランドによる東ガリツィア地方占領
１３６２	リトアニアによるキーウ占領（以後、ポーランド及びリトアニアによる占領）
１６４８	ポーランドからの独立戦争（ボフダン・フメリニツキーの蜂起）
１６５４	ロシア支配の始まり
１７０９	ロシアからの独立戦争（ポルタヴァの戦い）
１７７２	オーストリアによる西南ウクライナの支配
１７７９	オスマン帝国による南ウクライナの支配
１８５３	クリミア戦争
１９１４	第一次世界大戦勃発（～１９１７）
１９１７	ウクライナ人民共和国（中央ラーダ政権）成立
	ウクライナ・ソビエト戦争（～１９２１）
１９２２	ソビエト社会主義共和国連邦成立（ソ連へ編入）
１９３２	大飢饉（ホロドモール）
１９３９	第二次世界大戦（～１９４５）
１９４１	独ソ戦開始、独によるウクライナ占領（～１９４４）
１９８６	チェルノブイリ原発事故
１９９１	ウクライナ独立宣言（8月24日）／ウクライナ独立に関する国民投票（12月1日）

1993　ソ連邦崩壊、ＣＩＳ誕生
1994　ブダペスト覚書に署名
1996　憲法制定、通貨フリヴニャ導入
2004　オレンジ革命（ヤヌコヴィッチ親露派政権の不正選挙への抗議と再選挙）
2010　ヤヌコヴィッチ政権発足
2013　ＥＵと協力協定交渉、仮調印
11月　ロシアの圧力で協定締結見送り
12月　プーチンと会談。ロシアとの関税同盟に入ることを事実上約束
ヤヌコヴィッチ政権を非難する全国規模の反政府運動が活発化
2014
ヤヌコヴィッチが国外へ逃亡。新政権発足　＝マイダン革命（尊厳の革命）
2月　クリミア半島へロシア侵攻
3月　ウクライナ東部（ドネツィク、ルハーンシクの二州）へロシア侵攻
5月　ドネツク人民共和国・ルガンスク人民共和国の独立宣言
9月　ベラルーシ共和国の首都ミンスクで和平交渉（ミンスク合意）
2015
1月　ロシア、ミンスク合意を破棄し、大規模な戦闘勃発
2月　ミンスクで再び和平交渉（第二次ミンスク合意）
合意は無視され、ロシアによる東部地域への攻撃が常態化
2021　ロシア・ウクライナ危機
（ロシア連邦軍、ウクライナ国境周辺に20万人規模で集結、ベラルーシ国内で軍事演習）
2022
2月24日　ロシア、ウクライナ全土への侵攻を開始